V

72731

RAPPORT

SUR

LA PLUS-VALUE

DEMANDÉE

PAR SUITE DE L'OUVERTURE DE LA RUE CENTRALE

De C.-A. BENOIT, Architecte.

LYON.

IMPRIMERIE TYPOGRAPHIQUE ET LITHOGRAPHIQUE DE J. NIGON.

Rue Chalamont, 5, angle de la rue Centrale.

—

1852

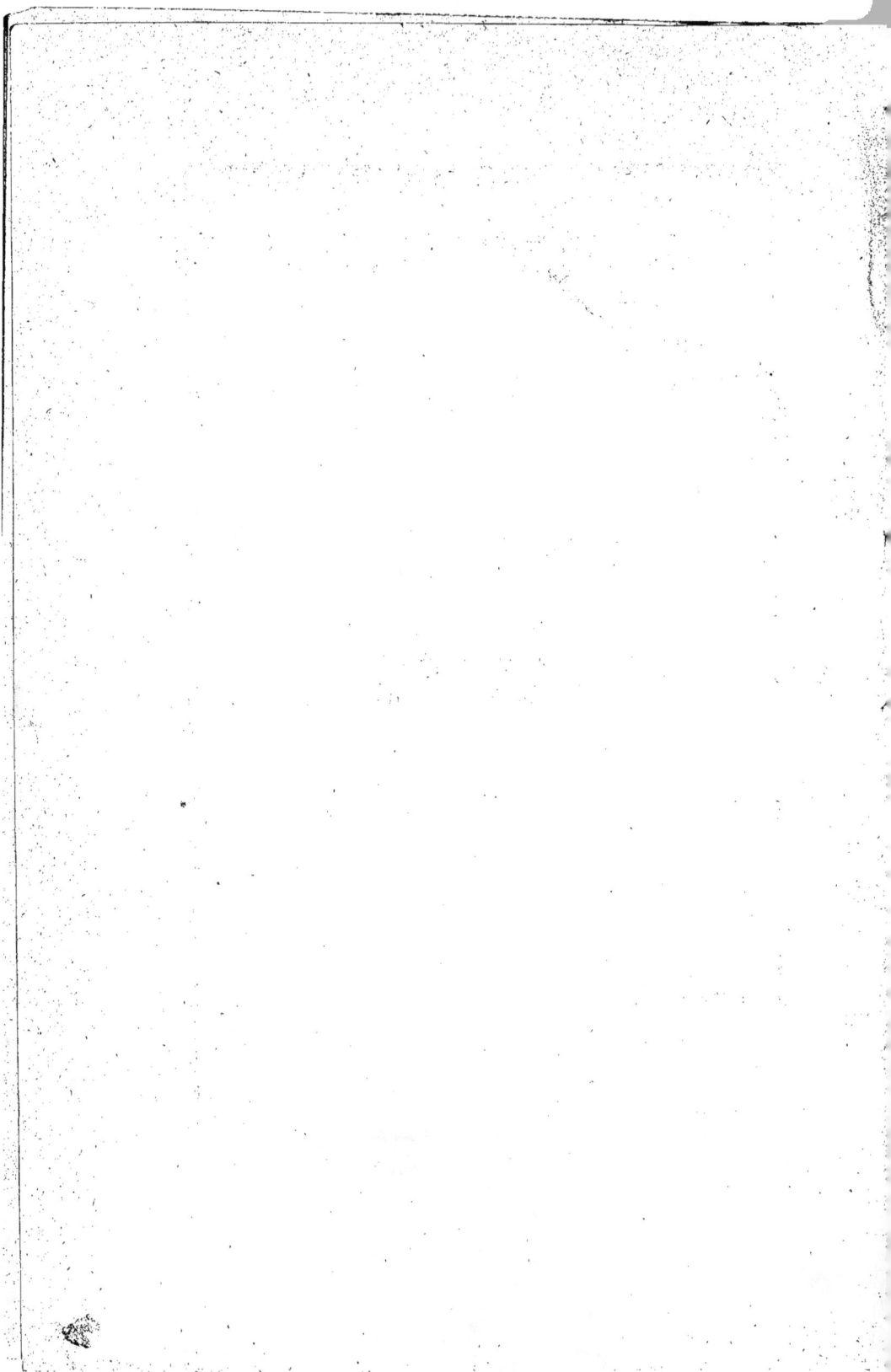

RAPPORT

SUR LA PLUS-VALUE

DEMANDÉE

PAR SUITE DE L'OUVERTURE DE LA RUE CENTRALE

De C.-A. BENOIT, Architecte.

Je, soussigné, CLAUDE-ANTHELME BENOIT, architecte, demeurant à Lyon, quai de Bondy, 143, expert désigné par le syndicat et par divers propriétaires des rues Trois-Carreaux et Basse-Grenette, pour procéder à une expertise contradictoire à celle faite par M. FAVRE, architecte, expert nommé par la ville, sur la demande en plus-value exercée au nom de la ville de Lyon par MM. SAVOYE et PONCET, par suite de l'ouverture de la nouvelle rue Centrale ;

Ensuite de la remise qui m'a été faite :

1° De deux rapports de M. FAVRE, certifiés conformes par M. le Secrétaire général du département du Rhône ; le premier clos le 15 septembre 1849 et le second le 25 janvier 1851, ayant trait à l'expertise en plus-value demandée aux susdits propriétaires, plus-value devant résulter des travaux d'ouverture de la rue Centrale ; 2° de la communication par M. PLAN, architecte, tiers expert nommé par M. le Préfet, des plans que M. FAVRE a joints à [son rapport ; 3° des notes et observations des propriétaires qui m'ont chargé de leur contre-expertise ;

Rapporte qu'après avoir examiné ces diverses pièces, je me suis transporté, muni des plans et rapports susdits, dans les maisons de MM. GAYET-GOURD, — DE JERPHANION, — MALLIAVIN, —Demoiselle GALLOT, — Dame BARD, — COGORDAN, — VULIET-DURAND, — FABRIQUE SAINT-NIZIER, — CHAURAND, — DE VILLIERS DU TERRAGE, — MAS, —VIGIER, —CHAMBRY, — GARNIER-CHARRIN,

— consorts, copropriétaires DARESTE, MOLINE, DESGAULTIÈRE et VERLY, et pour un magasin, M. LAPORTE, — cohéritiers de LAVERPILLIÈRE, et pour un magasin, Dame veuve DURAND, — CHAURAND et BIÉTRIX, — Claude LAPORTE, — RIVOIRE-GONDAMIN, — RICARD-CHARBONNET, — Dames BLANC et MARNET (TROULLEUX). Après examen, j'ai reconnu quelques différences dans le tracé des plans, notamment chez MM. GAYET-GOURD et COGORDAN, dont je joins les tracés primitifs et ceux que j'ai relevés, les autres différences ne m'ayant pas paru de nature à modifier mes appréciations.

Avant de me livrer à ce travail, je crois convenable de réfuter sommairement les considérations et motifs invoqués dans les rapports de M. FAVRE. Il est dit : 1° *« que toutes les maisons de la*
» rue Centrale sont entièrement habitées jusqu'aux combles. » Si elles l'étaient ainsi au moment du rapport, il n'en est pas de même actuellement à en juger par l'immense quantité d'écriteaux qu'on remarque dans le parcours de cette rue. 2° *« Que la circu-*
» lation de cette rue est immense, que les petite et grande rues
» Mercière, autrefois si fréquentées, sont désertes; qu'on n'y rencontre
» que ses habitants; que le quai Saint-Antoine ne sera bientôt
» fréquenté que par les personnes qui voudront jouir de la prome-
» nade, et que la rue Saint-Côme, les places de l'Herberie et
» d'Albon se ressentent de la nouvelle rue. » Je répondrai que ces prévisions ne sont pas réalisées; que la circulation dans ces localités n'a pas sensiblement diminué, particulièrement sur les quais, où la foule abonde toujours; que, depuis les améliorations faites au sol de la place de l'Herberie et de la rue Mercière, on connaît peu de différence dans la circulation avec ce qu'elle était anciennement; que si l'élargissement de la grande rue Mercière se continue comme il est commencé sur plusieurs points, et que si son extrémité sur la place de la Préfecture s'élargit, cette voie de communication sera une concurrence à la rue Centrale, en présentant les mêmes avantages, les aboutissants étant les mêmes. 3° *« Que la plus-value pour les maisons dont il s'agit est impor-*
» tante et notable; les baux à expiration se renouvellent avec
» augmentation dans les prix, etc., etc. » Cette assertion a besoin d'être rectifiée. Les quelques magasins dont les baux ont été renouvelés avec augmentation de prix tiennent moins à l'ouverture de la rue Centrale qu'aux réparations importantes, telles que plafonds, fermetures et autres agencements qui y ont été faits. Ces augmentations couvrent à peine l'intérêt des dépenses. Pour les étages, il n'y a eu que diminution, comme nous aurons

l'occasion de le démontrer dans le courant de ce rapport. Quant aux exemples cités par l'expert, je ne crois pas qu'on doive prendre pour base des demandes exagérées qui n'ont pas eu de suite.

Le déplacement cité audit rapport « *d'orfèvres, tailleurs et* » *autres du passage de l'Argue, qui n'y font plus leurs affaires et* » *qui quittent cette localité,* » n'a pas été au bénéfice des rues Trois-Carreaux et Basse-Grenette. Ce bénéfice, s'il existe, n'est pas envié des propriétaires qui se contentent du genre de location, le plus approprié à leurs maisons.

Je ne suivrai pas pour le moment les autres assertions avancées par l'expert, plusieurs trouveront leur réponse dans le cours de mon rapport ; à d'autres je ne répondrai pas, ne les envisageant pas sous le même point de vue, prenant d'autres bases pour fixer mes appréciations. Néanmoins, en ce qui concerne M. BERTHET, les faits étant à ma connaissance, je suis fermement d'avis que sa situation n'a rien de commun avec les propriétaires dont il s'agit, et qu'en outre, il y a exagération dans les chiffres cités. Cette propriété, qui se composait de boutiques ou entrepôts, servant anciennement de halle au blé, était élevée de quatre marches, donnait sur un passage étroit, ayant son issue, côté midi, peu accessible, elle a été transformée en habitations confortables et en neuf magasins de détail, les plus vastes de la rue, agrandis considérablement sur la rue Centrale en utilisant un terrain dont M. BERTHET était propriétaire.

Je ne puis passer sous silence les évaluations des immeubles que l'expert donne dans ses rapports, soit avant, soit après l'ouverture de la rue Centrale. Ces évaluations sont pour la plupart erronées. Sans doute, les documents ont manqué à M. FAVRE, ainsi qu'il en convient dans son rapport. Pour preuve concluante de ces erreurs, je mentionnerai la propriété MALLIAVIN, achetée au tribunal, le 29 août 1842, au prix de . . . . . 89,700 fr.

Les frais se sont montés à 8,000

Total . . . . 97,700 fr.

Au rapport de M. FAVRE, cette maison est estimée, avant l'ouverture de la rue Centrale . . . . 50,000 fr.

Après cette ouverture 60,000

La maison BARD a coûté. . . . . 95,000 fr.

Il en a été vendu une portion 5,000

Reste 90,000

Au rapport, elle est estimée, avant l'ouverture. 70,000 fr.

Je pourrais citer une foule d'autres exemples de cette nature, démontrant que la valeur réelle de ces immeubles est supérieure à celle portée par l'expert, même avec la plus-value qu'il leur donne.

On doit donc protester contre ces évaluations, pour que dans aucune circonstance elles ne puissent être opposées et servir de base en cas d'expropriation ou d'indemnité.

Appelé, longtemps après l'ouverture de la rue Centrale, à donner mon avis sur la question dont il s'agit, il ne m'est pas possible de suivre le même ordre que celui suivi par l'expert, en procédant, comme il l'a fait, à l'estimation des propriétés avant l'ouverture et ensuite après l'ouverture. Du reste, cette manière d'opérer n'est pas nécessaire, ne pensant pas que la valeur de ces immeubles se soit modifiée d'une façon notable pour que la différence en soit appréciable; c'est ce que j'espère démontrer.

Avant d'émettre mon avis sur chacune de ces propriétés, je le fais précéder de quelques observations générales qui doivent lui servir de base.

De temps immémorial, le quartier de Saint-Nizier est réputé le meilleur de la ville; les rues Trois-Carreaux et Basse-Grenette ont toujours été occupées par d'anciennes maisons de commerce de gros, de premier ordre, en draperie, rouennerie et toilerie, bien préférables, pour les propriétaires, aux locations éphémères des cafés, des magasins de modes, de jouets d'enfants et bazars, qui achèvent rarement un bail, laissant des non-valeurs qui, au bout d'un certain temps, diminuent considérablement le revenu réel.

Les rues Trois-Carreaux et Basse-Grenette avaient, comme la place de la Préfecture, une valeur acquise et certaine avant l'ouverture de la rue Centrale. C'est à cause de ces aboutissants favorables et déjà existants que la rue Centrale a été ouverte; ce sont eux qui lui ont donné de la valeur; sans eux elle ne serait pas. Nous ne pouvons savoir ce que deviendront ces quartiers dans l'avenir; mais ce qu'il y a de certain pour le présent, c'est que le grand nombre de belles maisons, fraîchement décorées, mieux disposées et agencées que les anciennes constructions, ne peuvent que nuire à ces dernières, auxquelles elles font une redoutable concurrence, et qui, pour conserver leur valeur ancienne, devront subir des améliorations coûteuses.

Dira-t-on qu'on peut reconstruire ces maisons et les mettre au goût du jour? Sans doute; mais quel avantage en résultera-il pour les propriétaires? Là est la question à résoudre. Quel expert pourrait être assez hardi pour dire, avec une certitude consciencieuse, quelles en seraient au juste les conséquences? Cet expert pourrait-il démontrer aujourd'hui que, lorsqu'on aura ajouté au capital de l'acquisition première un nouveau capital de reconstruction de 400 à 600 fr. par mètre carré, sur un périmètre restreint ou encore diminué par le nouvel alignement, on trouvera l'intérêt de ces deux capitaux, plus la perte de deux ou trois ans d'intérêts par des locations augmentées dans la proportion de ces mises de fonds? Il faudrait cependant retrouver l'intérêt de ces capitaux avant de songer à une plus-valúe.

Ce sont sans doute ces chances et ces dépenses qui ont jusqu'à présent fait renoncer à la tentative de reconstruction.

Si l'on considère que la généralité de ces maisons a une très grande profondeur, avec des façades très étroites, plusieurs n'ayant qu'une seule ouverture de magasin, on sera convaincu que leurs rez-de-chaussées ne peuvent être recherchés par des commerces de luxe, d'orfèvrerie ou de nouveautés. Ces premiers n'auraient que faire d'une si grande profondeur, et les seconds ne s'accommoderaient pas de si peu d'étalage.

Ces rez-de-chaussées ne peuvent être occupés que par le gros commerce de draperie et rouennerie, ainsi qu'ils l'ont été jusqu'à ce jour. Il sont du reste disposés pour ces industries; toutes leurs surfaces sont utilisées. Des percée sont été pratiquées pour communiquer des magasins de face avec les arrières-magasins, réunis par des cours recouvertes de ciels vitrés. Il n'y aurait donc aucun avantage à reconstruire ces maisons pour les louer au même genre de commerce qui seul est lui convenable.

A côté de ces considérations, une plus importante va se présenter, c'est celle du nouveau tracé d'alignement adopté pour les rues Trois-Carreaux et Basse-Grenette. Ce nouvel alignement présente, il est vrai, sous le rapport de la régularité et de l'aspect de cette grande artère de communication, des avantages incontestables pour l'embellissement de la ville; mais, il faut le dire, par le fait de sa rectitude, il apporte une énorme perturbation dans la plupart des maisons de ces deux rues. Par l'ancien plan de la ville, les maisons du côté occidental de la rue Trois-Carreaux se trouvaient en partie frappées de reculement.

Les façades de ces maisons ont été successivement mises sur l'alignement que prescrivait ce plan, comme l'avait été précédemment l'autre portion. Le côté ouest de la rue Basse-Grenette était maintenu par ce plan sur son alignement , et l'ouverture de la rue projetée, qui devait aboutir sur la place de la Préfecture , était établie sur le prolongement de ce même côté. Au nouveau plan, tout est changé ; le côté occidental de la rue Trois-Carreaux, qui a été successivement aligné et reconstruit depuis quarante ans environ sur l'alignement de l'ancien plan , se trouve frappé d'un reculement de sept à huit mètres pour plusieurs maisons ; et le côté ouest de la rue Basse-Grenette est également frappé d'un reculement considérable dans toute sa longueur. Enfin, la maison faisant face à la rue Grenette se trouve anéantie par le projet d'ouverture d'une rue sur le prolongement de la rue Grenette.

Comme on le voit , ce nouveau tracé jette une perturbation complète, ainsi que nous l'avons dit, sur toutes les maisons situées du côté ouest dans ces deux rues. Il anéantit même la propriété DE JERPHANION, qui disparait en entier et dont le sol est destiné à former la nouvelle voie.

La maison de M. GAYET-GOURD , construite en 1840 , a ses magasins sur la rue, ils lui sont emportés ; celle de M. MALLIAVIN disparaît presque entièrement ; celles à la suite, au midi, sont assujetties à un très grand reculement , qui les forcerait à une reconstruction totale.

C'est cependant en présence d'une semblable position que l'on songe à demander une plus-value aux propriétaires de ces maisons, lorsque la ville n'en a pas demandé aux propriétaires dont les maisons ont éprouvé des améliorations réelles, par le fait des travaux de régénération et d'embellissement de certains quartiers. Pourquoi, dans cette circonstance , userait-elle de tant de rigueur en transmettant ses prétentions à des tiers ?

Quant au côté oriental des rues Trois-Carreaux et Basse-Grenette, à qui on demande également une plus-value , les maisons ne participeront réellement aux avantages du nouveau tracé que lorsque les reculements des maisons qui leur sont opposées, côté oriental, auront été effectués ; jusque là, point d'améliorations : ces rues restent toujours ce qu'elles étaient et n'auront ni plus d'air ni plus de lumière tant que ces reculements n'auront pas été faits. Dira-t-on qu'elles ont gagné par la circulation qui est devenue beaucoup plus abondante ? Peu leur importe cette circulation, qui leur est plutôt gênante qu'avantageuse ; car les magasins, principaux revenus de ces rues, n'éprouvent aucune amélioration de cette affluence , qui n'est pas utile aux genres de commerces en gros qui y sont établis.

L'ouverture de cette nouvelle communication du nord au midi de la ville, présentant aux voitures de roulage et autres une voie plus directe que celles de la rue Saint-Côme, et des quais de la Saône et du Rhône, est naturellement préférée. Le nombre de ces voitures est tellement continuel est considérable, qu'elles forment encombrement et menacent à chaque instant le passant occupé à s'en garantir. Le bruit qu'elles procurent est tel, que dans l'intérieur des magasins on a de la peine à se faire entendre, et pour les étages supérieurs, les locataires paisibles sont chassés de leurs appartements, où ils étaient si tranquilles.

On connaît la dépréciation considérable qu'éprouve une maison frappée de reculement ; aucun embellissement ou réparation importante n'est permis, pas même la réfection du simple enduit qui couvre sa façade (*d'après les nouvelles exigences de la voirie*). Ces effets seront beaucoup plus sensibles pour les maisons dont il s'agit que pour toutes les autres de la ville. Quel sera le marchand de nouveautés ou d'étoffes de luxe assez téméraire pour affronter ces chances et pour venir dépenser de 30 à 40,000 fr.... (*comme cela s'est vu*) en frais d'installation et d'agencements dans le magasin de M. GAYET-GOURD, par exemple, lequel, sans le changement de plan, serait susceptible de recevoir ces industries?

A cela l'expert de la ville répond : « *Que les maisons dont il* » *s'agit sont en bon état de construction, que leur durée peut être* » *fixée à plusieurs siècles ;* » CE QUI EST VRAI. Mais n'est-il pas à présumer que la ville voudra terminer son œuvre ; que si l'administration actuelle ne peut le faire, ce sera le désir de celles qui lui succéderont? Car la rue Centrale, seulement alors, ne meritera réellement ce nom de BELLE que lorsqu'elle sera alignée et d'une égale largeur.

Outre les dépréciations causées par le reculement, est le cas d'incendie, qui ne permettrait plus de reconstruire ou réparer sur le même alignement, d'où il résulterait une perte notable au propriétaire. Il est vrai que l'expert se livre à des calculs et raisonnements qui tendent à prouver que, dans ce cas, il aurait avantage. Cependant je ne pense pas qu'on puisse citer aucun sinistre qui ait produit ce résultat; mais ce prétendu avantage existerait-il si, par suite de la reconstruction et du reculement d'une de ces maisons, le mauvais état des murs mitoyens forçait d'en faire autant à celles des maisons limitrophes, leurs propriétaires, qui n'auraient droit qu'au prix du terrain cédé à la voie publique, n'en seraient-ils pas lésés? Cependant, si le plan primitif avait été conservé comme il était avant le projet d'ouverture de la rue, il n'en serait pas ainsi.

Pour établir la valeur du terrain dans les rues Trois-Carreaux et Basse-Grenette, l'expert se livre à l'énumération de ventes de terrains faites dans la nouvelle rue Centrale, qu'il compare à la valeur des terrains cédés à la ville, pour cause de reculement, il y a plus de trente ans, au prix de trois cent six francs le mètre carré. Il ne tient aucun compte de la valeur progressive que les terrains ont acquise depuis cette époque dans toute la ville; je me dispenserai de le démontrer, ce fait étant à la connaissance de tous. D'un autre côté, est-on bien certain qu'au moment présent on retrouverait les prix fabuleux qui ont été donnés pour l'acquisition de quelques terrains, dans l'espérance et l'engouement qui existaient lors de cette ouverture? Il ne tient non plus compte ni des dispositions d'angles de rues, ni du peu de profondeur des terrains vendus, presque tous en façade; cependant ces choses sont à apprécier. Du reste, l'expert abandonne cette question, ainsi qu'il le dit : « *Je le répète, je ne m'occuperai que de la valeur* » *acquise par les immeubles, fonds et bâtiments, et non de celle* » *gagnée par les terrains.* » Donc la plus-value à réclamer ne serait que le produit des augmentations survenues dans le revenu, ce qui est nié par la presque totalité des propriétaires.

Une autre considération se présente, c'est le payement anticipé d'une plus-value à ceux qui la demandent actuellement pour un avantage qui n'existera que lorsque les reculements des maisons auront été effectués, ainsi que nous l'avons dit. Doit-elle être payée à ceux qui la promettent actuellement ou à l'administration qui l'exécutera? Quelle garantie donne-t-on que celle-ci ne viendra pas à son tour en réclamer une nouvelle?

De ce qui précède je dois conclure que la plus-value demandée à la plupart des propriétaires est encore problématique; peut-être aura-t-elle lieu plus tard, mais quand? Nous l'ignorons. Attendez donc qu'elle existe, qu'elle soit bien constatée et bien notable, comme le veut la loi; et dans le cas où il y aurait une plus-value dans un avenir plus ou moins reculé, qui nous garantit que d'autres combinaisons, d'autres ouvertures de rues ne viendront pas la détruire à son tour? Alors rendra-t-on aux propriétaires les sommes qu'ils auraient payées?

En cet état actuel, peut-on fixer une plus-value à ces immeubles?

L'article 30 du décret du 16 septembre 1807, dit formellement que, lorsque, par suite de travaux énoncés audit article, les propriétés privées auront acquis « *une notable augmentation de valeur,* » *elles pourront être chargées de payer une indemnité qui pourra* » *s'élever jusqu'à la moitié des avantages qu'elles auront acquis.* » La volonté de la loi est manifeste : elle veut non seulement qu'il y ait augmentation de valeur, mais encore qu'elle soit *évidente* et d'une *grande importance ;* de plus, elle veut qu'elle soit réellement et incontestablement acquise au moment du procès ; ces termes « *auront acquis* » sont positifs et ne peuvent laisser aucun doute sur le sens de la loi ; il faut donc que la plus-value soit réelle et non point imaginaire, ou simplement éventuelle et en espérance, comme dans l'espèce. Cette intention du législateur se révèle non seulement dans les termes précités de l'article 30, mais encore dans l'article 32, qui dispose que « *les indemnités ne seront dues* » *par les proriétaires des fonds voisins des travaux effectués que* » *lorsqu'il aura été décidé par un règlement d'administration publi-* » *que rendu sur le rapport du Ministre de l'intérieur, et après avoir* » *entendu les parties intéressées, qu'il y a lieu à l'application de* » *l'article* 30 *et de l'article* 31. »

Avant de procéder à la description partielle des immeubles, je dois expliquer que, pour l'abréger et aider à la faire comprendre, j'annexerai le plan figuratif de chaque maison et les plans des rues Trois-Carreaux et Basse-Grenette dans l'état ancien et nouveau.

Ancienne rue Trois-Carreaux.

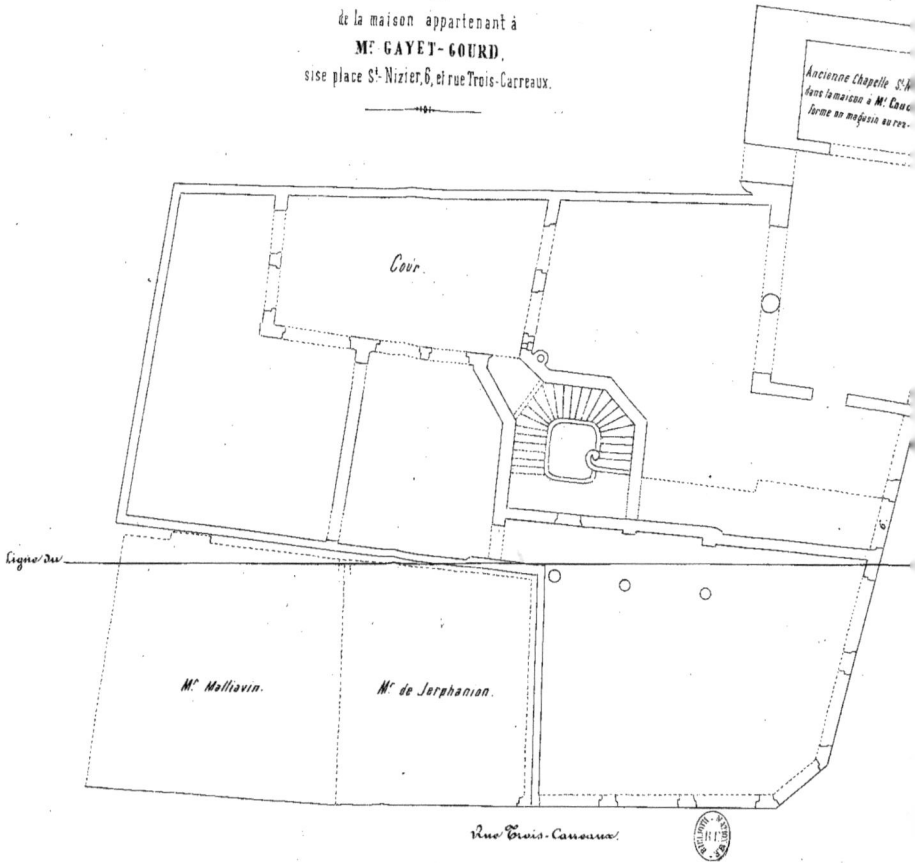

PLAN

de la maison appartenant à

Mr GAYET-GOURD.

sise place St-Nizier, 6, et rue Trois-Carreaux.

Ancienne Chapelle St-N...
dans la maison a Mr Cauc...
forme un magasin au rez...

Cour

Ligne du

Mr Malliavin.

Mr de Jerphanion.

Rue Trois-Carreaux.

MAISON DE M. GAYET-GOURD.

———

Cet immeuble important fait l'angle de la place Saint-Nizier et de l'ancienne rue Trois-Carreaux. Sa principale façade est, du côté de la place, percée de huit ouvertures à chaque étage et de trois seulement sur la rue Trois-Carreaux; une autre ouverture existe dans le pan coupé. Elle est élevée de rez-de-chaussée, de quatre étages, avec caves et greniers, desservie par un vaste escalier en pierres de taille prenant jour sur la cour.

Elle a été reconstruite en 1842 avec luxe et en grande partie en pierres de taille, en se conformant au plan de la ville, ce qui occasionna un reculement considérable du côté de la rue Trois-Carreaux.

Par le fait du nouveau plan adopté pour la rue Centrale, la partie de cette maison sur la rue Trois-Carreaux est encore assujettie à un fort reculement, ayant plus de sept mètres de profondeur, qui enlève le magasin d'angle et la portion des appartements au-dessus, c'est-à-dire la partie la plus importante de l'immeuble. Il jette une perturbation complète dans tout l'édifice. L'allée et l'escalier se trouvent sur la nouvelle façade, comme on peut le voir ci-joint. Cette maison, reconstruite avec tant de frais, est pour ainsi dire anéantie; sa reconstruction en entier, sur un plan nouveau, deviendra indispensable.

L'expert avance, dans son premier rapport, que, par l'effet du

reculement des deux maisons à la suite, au midi, cette démolition
« *laissera à cette maison un développement de façade sur la rue*
» *Trois-Carreaux de vingt-huit mètres de longueur, en sorte,* dit-il,
» *que ce qu'elle aura perdu en surface elle le retrouvera en étendue*
» *de façade.* » Pour que ce résultat eût lieu, il faudrait que l'alignement passât dans la propriété GAYET-GOURD, et non à distance
sur les proprietés DE JERPHANION et MALLIAVIN, ainsi qu'il est
facile de le remarquer au plan. Celui porté dans l'atlas de M. FAVRE,
sous le n° 1, a sans doute induit en erreur cet expert, en lui
faisant signaler un fait qui ne peut exister. Ce plan n'est pas con-
forme à la localité.

Cette maison n'a éprouvé aucune augmentation dans le revenu
depuis l'ouverture de la rue Centrale; le magasin de l'angle
continue d'être occupé comme il l'a toujours été par le commerce
en draperie GAYET-GOURD, à qui l'augmentation de circulation
est plutôt un embarras qu'un avantage; il ne peut, ainsi que
nous l'avons déjà dit, être occupé par un magasin de nouveautés,
attendu que, pour ce genre de commerce, il faut des agencements
d'une grande valeur, et que le propriétaire aurait à redouter la
perte des frais qu'il aurait faits, ainsi que de sa clientèle par une
expropriation forcée. C'est donc un préjudice notable apporté à
la propriété, quand, sur une place comme celle-ci, on ne peut
trouver la classe de commerce qui offre les plus fortes locations.

En présence d'une semblable position faite à la maison GAYET-
GOURD par le changement du plan, qui y apporte une désorgani-
sation complète, qui en déprécie la valeur et empêche toute
augmentation dans les revenus, et d'après les considérations et
motifs précédemment signalés, je suis d'avis qu'on ne peut réclamer aucune plus-value à M. GAYET-GOURD.

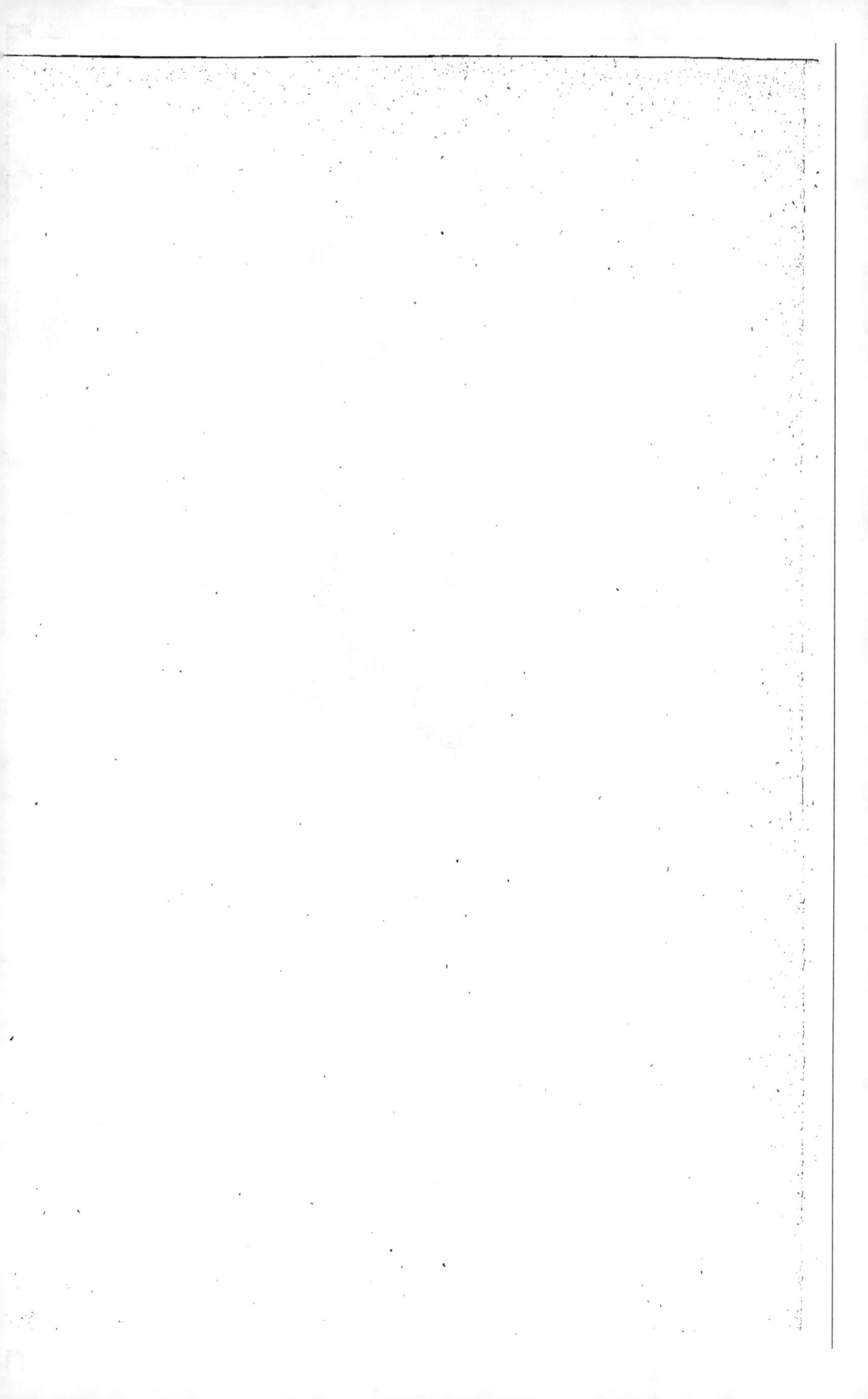

PLAN

de la maison appartenant à

Mr de JERPHANION,

sise Rue Trois-Carreaux, 2.

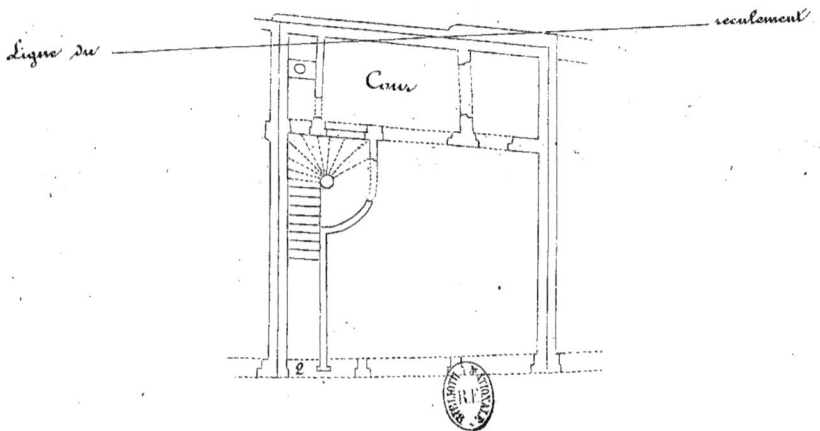

Ligne du — — — — — — — — — — — — — reculement

Cour

2

Rue Trois-Carreaux.

MAISON DE M. DE JERPHANION.

Cette maison, qui occupe une très petite surface , se compose d'un seul corps de bâtiment , avec deux petites ailes en retour et une cour très étroite, desservie par un escalier circulaire à noyau. La première rampe droite laisse à peine la distance néces- saire pour passer sous le premier plancher.

Sa façade, de construction moderne, est percée, au rez-de-chaus- sée , de trois ouvertures; celle au midi est divisée par l'allée; les cinq étages sont chacun percés de trois petites croisées. Les plan- chers peu élevés.

L'intérieur de cette maison est de construction médiocre ; ses murs sur cour surplombent, sont lézardés et retenus par un énorme tirant en fer, apparent à l'extérieur; l'escalier est très peu éclairé ; les portes palières sont à diverses hauteurs et les latrines placées en dehors des appartements.

Par le fait du nouveau reculement , elle disparaît presque en entier; sa surface doit être occupée par la voie publique. L'expert fait espérer que cette époque est très éloignée , et qu'il n'y a pas lieu à avoir égard à cette circonstance ; que, dans tous les cas, ne s'occupant que de la valeur du terrain , il y aurait lieu à plus- value, ce qui n'est pas prouvé par la valeur qu'il donne lui-même à cet immeuble, il l'évalue , avec tous les avantages qu'il prétend avoir été acquis par l'ouverture de la rue Centrale, à la somme de

54,000 fr., tandis que M. DE JERPHANION père l'a acquis, en 1826, au prix de 110,000 fr., et qu'il l'a été cédé en partage à M. son fils en 1832, par acte authentique, pour une valeur de 70,000 fr.

L'expert évalue son sol à la somme de 23,000 fr. Je ne comprends pas, d'après ce calcul, comment sera payée la valeur de l'immeuble de M. DE JERPHANION et comment on trouvera la plus-value qu'on lui réclame; car si les voisins limitrophes venaient à reconstruire leurs maisons pour une raison quelconque, celle de M. DE JERPHANION ne pourrait se soutenir et n'aurait droit, suivant l'aveu de l'expert, qu'à la somme de 23,000 fr. Si le premier alignement eût été conservé, il aurait pu reconstruire et améliorer l'intérieur tout en conservant sa façade et profiter des avantages qui en seraient résultés.

Cette maison, avant l'ouverture de la rue Centrale, était constamment occupée; depuis, ses étages supérieurs sont vides ou n'ont pu avoir que des locations précaires; actuellement trois étages sont vides.

Dans cette position, on ne comprend pas qu'on puisse songer à demander une plus-value à une maison qui doit être, dans un temps plus ou moins éloigné, complètement anéantie par le reculement, et dès aujourd'hui tout à fait dépréciée.

Ces considérations et celles précédemment signalées dans les observations générales me portent naturellement à conclure que la plus-value ne peut être appliquée à la maison de M. DE JERPHANION.

PLAN

de la maison appartenant à

M. MALLIAVIN,

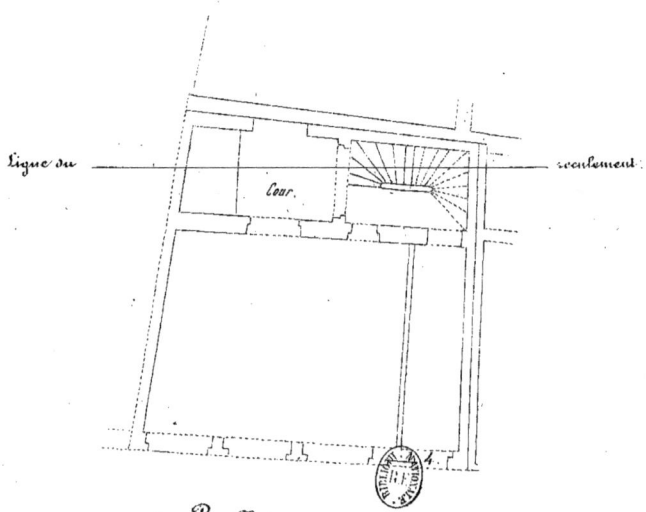

sise Rue Trois-Carreaux, 4.

Ligne du ———————————— reculement.

Cour.

Rue Trois-Carreaux.

MAISON DE M. MALLIAVIN.

Cette maison, entièrement de construction nouvelle, se compose d'un corps de bâtiment avec aile en retour au midi, d'une cour et d'un escalier avec limon plein. Elle a été, comme les précédentes, déjà assujettie à un reculement lors de sa construction ; elle est élevée de rez-de-chaussée et de quatre étages ; les caves sont voûtées.

Le plan de la nouvelle ouverture de la rue Centrale est cause que cette maison est de nouveau frappée d'un reculement énorme, ne laissant qu'un petit espace triangulaire de quelques mètres de surface.

Pour tirer tout le parti dont est susceptible la location du rez-de-chaussée et celle du premier étage, on a utilisé la cour en la recouvrant d'un ciel-ouvert qui permet l'établissement d'un escalier de communication entre ce rez-de-chaussée et le premier converti en magasin.

Malgré ces améliorations, le bail, qui a expiré après l'ouverture, en 1849, pour la location de la totalité de cette maison, louée au prix de 4,500 fr., n'a pu être augmenté ; au contraire, M. Malliavin, pour maintenir cette location au même prix, s'est vu forcé de garder à sa charge, pendant la durée du nouveau bail, l'impôt des portes et fenêtres.

Je ne reviendrai pas sur le prix donné par l'expert sur la valeur

3

de cet immeuble, soit avant, soit après l'ouverture de la rue Centrale. L'on sait que cette maison, qui revient à 97,700 fr., prix de l'adjudication au Tribunal le 29 août 1842, n'est estimée par l'expert de la ville qu'à 60,000 fr., avec les prétendus avantages qu'elle a acquis.

Attendu qu'il ne résulte, ainsi qu'il a été démontré, aucune augmentation de revenu, malgré les modifications; qu'au contraire, il y a perte; que se trouvant, comme les précédentes, frappée d'un reculement qui déprécie sa valeur pour le présent et l'anéantit dans l'avenir, et en suite de considérations générales,

Je suis complètement d'avis que cette maison doit échapper à la plus-value réclamée.

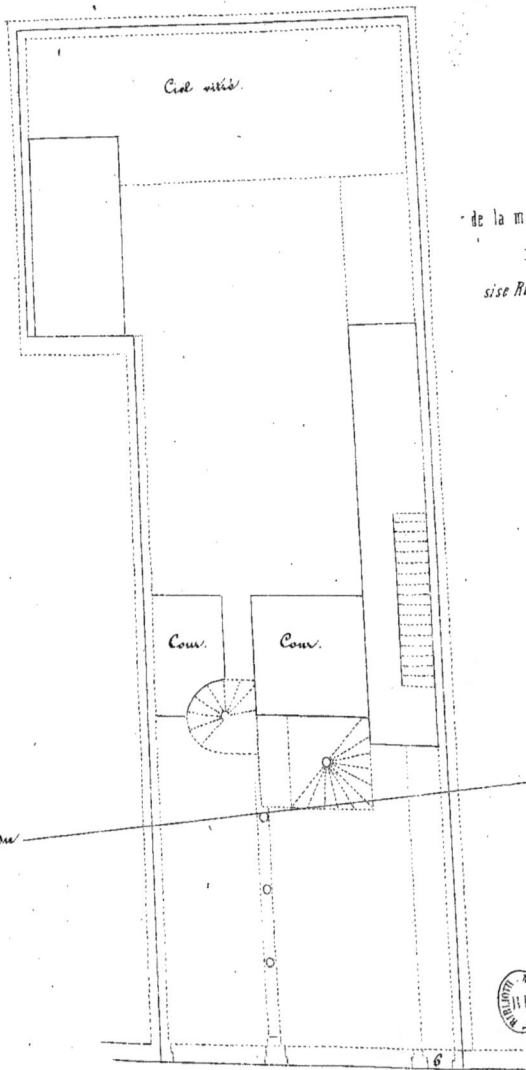

Ciel vitré.

PLAN
de la maison appartenant à
M.ᵉˡˡᵉ GALLOT.
sise Rue Trois-Carreaux, 6.

Cour.

Cour.

reculement.

Ligne du

Rue Trois-Carreaux.

MAISON DE Mlle GALLOT.

Cette maison, formant deux corps de bâtiments, se compose de caves, rez-de-chaussée, quatre étages au-dessus avec greniers, deux petits escaliers à noyaux, desservis par une rampe droite, en face de l'allée, avec galerie établissant la communication avec les escaliers, éclairés par deux cours. La rampe droite ainsi que la première cour sont recouvertes de ciels vitrés.

A l'exception de la façade, qui est moderne, tout le reste de cette maison est de très ancienne construction et de mauvaise disposition ; sa superficie est considérable.

D'importantes réparations y ont été faites, telles que la suppression d'un mur de refend divisant le magasin du rez-de-chaussée, remplacé par des colonnes en pierres de taille ; la suppression d'un corps de bâtiment dans le fond pour former un vaste magasin, surmonté d'un ciel vitré ; le percement d'arcs, placement de colonnes en fer pour supporter des murs, etc., etc. Ces travaux se sont élevés, d'après la déclaration de la propriétaire, à une somme d'environ 30,000 fr., qui, joints au prix de 125,000 fr. porté dans l'acte de partage du 30 mai 1844, font monter cet immeuble à la somme totale de 155,000 fr. ; cependant l'expert de la ville ne la porte qu'à 105,000 fr. (*Encore une nouvelle preuve des erreurs commises sur l'évaluation des propriétés dont il s'agit.*)

A l'époque où la maison a été cédée, elle rendait plus de

6,000 fr. , revenu qu'elle n'atteint pas aujourd'hui , malgré les fortes dépenses qu'on y a faites et dont on devrait trouver les intérêts. La raison tient , sans doute, à ce qu'avant l'ouverture de rue Centrale, le peu de locations dans la rue Trois-Carreaux faisait qu'elles étaient recherchées. Depuis son ouverture , de belles habitations et magasins ont été pratiqués dans les nouvelles maisons , où l'on trouve réunis le confortable et l'élégance. Un peu plus loin , on est mieux que plus près ; il n'y a rien d'étonnant que l'on donne la préférence à de beaux magasins qui ont plus de hauteur de plancher et dont la distribution est commode. Il en est de même pour les étages supérieurs , où on trouve des appartements mieux disposés et plus réguliers que ceux de ces vieilles maisons , dont les escaliers sont peu commodes et dangereux.

La vétusté de cette maison qui , au premier coup de marteau des voisins , tombera en ruines, le reculement énorme que le nouvel alignement l'obligera de suivre , lui nuiront beaucoup en diminuant la profondeur du magasin , principal revenu de cette maison.

Toutes ces causes, jointes à celles décrites aux observations générales , ne sont pas des raisons qui donnent lieu à plus-value ; en conséquence, je suis d'avis qu'elle n'est pas due.

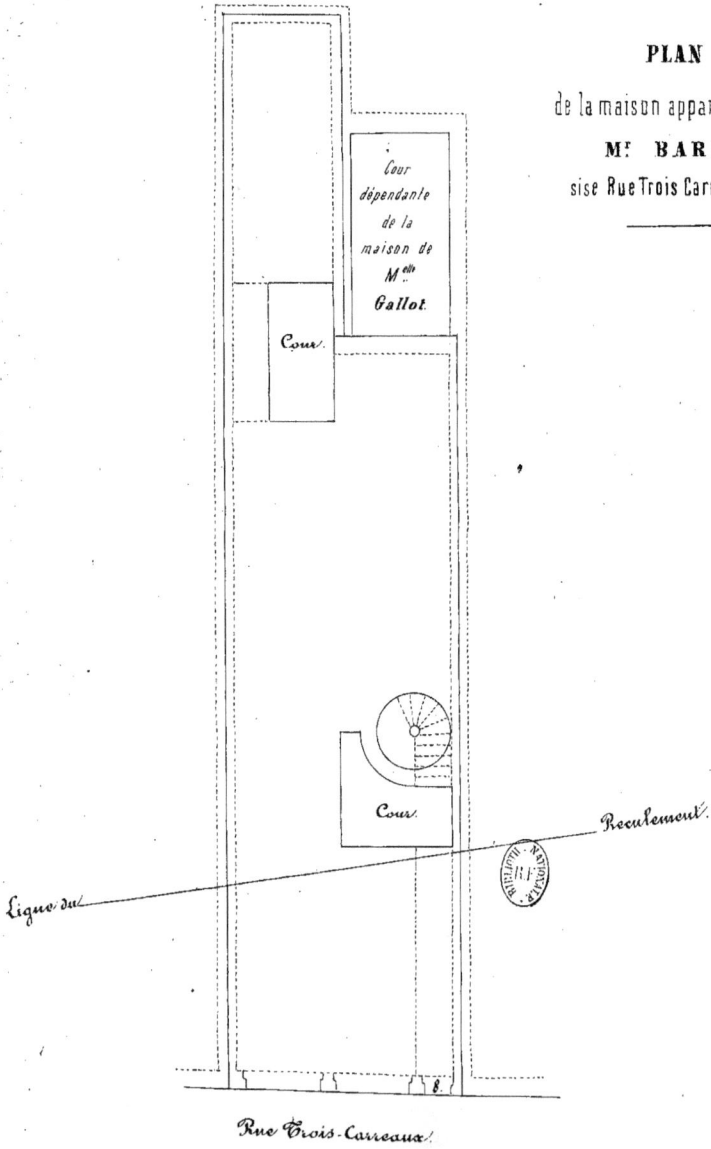

PLAN

de la maison appartenant á

M. **BARD**,

sise Rue Trois Carreaux, 8.

Cour dépendante de la maison de Melle **Gallot**.

Cour.

Cour.

Recolement.

Ligue du

Rue Trois-Carreaux.

MAISON DE MME BARD.

Cette propriété se compose d'un corps de bâtiment simple sur la rue, élevé de rez-de-chaussée et de quatre étages; d'un deuxième corps de logis prenant jour sur trois cours très petites; il est élevé également de quatre étages; enfin, d'un petit corps-de-logis, au fond de l'immeuble, ayant rez-de-chaussée et deux étages.

La façade de cette maison, reconstruite sur l'alignement donné par la ville, est percée à chaque étage de deux ouvertures; l'intérieur est mal disposé et d'une mauvaise construction; un petit escalier à noyau la dessert.

La ligne tracée au nouveau plan de la ville assujettit cette maison à un reculement qui comporte tout le corps de bâtiment sur la rue et vient mettre en façade la cour et l'escalier. Ce retranchement, d'environ 7 mètres de profondeur, nécessitera une reconstruction entière. Qui pourrait démontrer aujourd'hui qu'en ajoutant au prix d'acquisition un nouveau capital de reconstruction sur un périmètre aussi restreint, on trouvera l'intérêt de ces deux sommes par des locations augmentées de ces mises de fonds? Cet intérêt doit se retrouver avant qu'il ait lieu à la moindre plus-value, et il faudra trouver un intérêt bien plus fort pour justifier la plus-value de 12,000 fr. que l'expert estime dans son rapport.

Et, en admettant que l'on retrouve l'intérêt de toutes ces sommes, qui pourra décider encore si cette plus-value est le fait de l'ouverture de la rue Centrale, ou si elle n'est pas le fait de la reconstruction sur un plan mieux entendu, plus commode ou plus élégant que les anciennes constructions?

Pour arriver à son chiffre de 12,000 fr., l'expert dit que, depuis l'ouverture de la rue Centrale, cette maison vaut 84,000 fr. Et pourquoi? Il ne le dit pas! Sur quelles bases certaines, positives, pourrait-il obtenir cette NOTABLE AUGMENTATION que veut la loi? Sur quelle augmentation de revenu pouvait-il baser son opinion, puisqu'il n'y en a pas eu depuis l'ouverture de cette rue? Aussi les propriétaires en général se plaignent de ce qu'il ne leur a pas été demandé des renseignements qu'eux seuls pouvaient fournir sur les valeurs réelles de leurs immeubles.

Le propriétaire de celui-ci aurait dit qu'en 1828, M. DE COUTANCES acheta cette maison de MM. MAURICE, ORCEL et FOURNET au prix de 90,000 fr. ; que les frais à la charge de l'acquéreur se sont élevés à 5,000 fr. ; qu'en 1829, M. DE COUTANCES céda à son voisin, M. GALLOT, une parcelle de terrain au prix de 5,000 fr.; que le prix net de l'immeuble restait à 90,000 fr. Il aurait dit encore que cette maison rend 4,050 fr , soit environ quatre et demi pour cent; au centre de la ville, c'est un placement convenable; elle a donc été payée à sa valeur réelle; qu'elle vaut au moins aujourd'hui ce qu'elle valait en 1828 et ce qu'elle valait en 1846 avant l'ouverture de la rue Centrale. Dans un espace de vingt ans, son revenu a varié de quelques centaines de francs, tantôt en plus, tantôt en moins; qu'enfin le troisième étage, qui était loué 700 fr. depuis fort longtemps, en 1849, après l'ouverture de la rue Centrale, resta vide un an, et, pour le louer 750 fr., il a fallu dépenser 2,000 fr. d'agencements modernes.

Ainsi, loin d'avoir trouvé une augmentation, la propriétaire éprouve une perte de 50 fr. par an ; d'où on doit conclure que toute la plus-value est encore problématique.

totale si utile à son genre de location. Ce reculement forcera à une reconstruction totale de la maison, mais la profondeur restante après le reculement deviendra insuffisante pour reconstruire d'une manière convenable et avantageuse, une nouvelle maison reposant sur un sol aussi restreint ne permettant pas une bonne distribution d'appartements avec pièces indépendantes, escalier spacieux et cour suffisante. A ces causes de dépréciation, occasionnées par l'exiguité du terrain restant, il faut ajouter les frais de reconstruction qu'on peut évaluer à la somme de 90 à 100,000 fr., le prix d'acquisition premier, la perte des réparations faites, celle de deux années de location pour la reconstruction, les indemnités aux locataires dont les baux ne seraient pas échus. Le total de toutes ces sommes ne pouvant être diminué que par la valeur du terrain cédé à la ville, le restant représentant la valeur de l'immeuble, quel sera son revenu? C'est ce qu'on ignore! Cependant on peut présumer hardiment qu'il ne sera pas en rapport avec le capital employé; donc, s'il y a perte, qui la supportera?.... Le propriétaire.

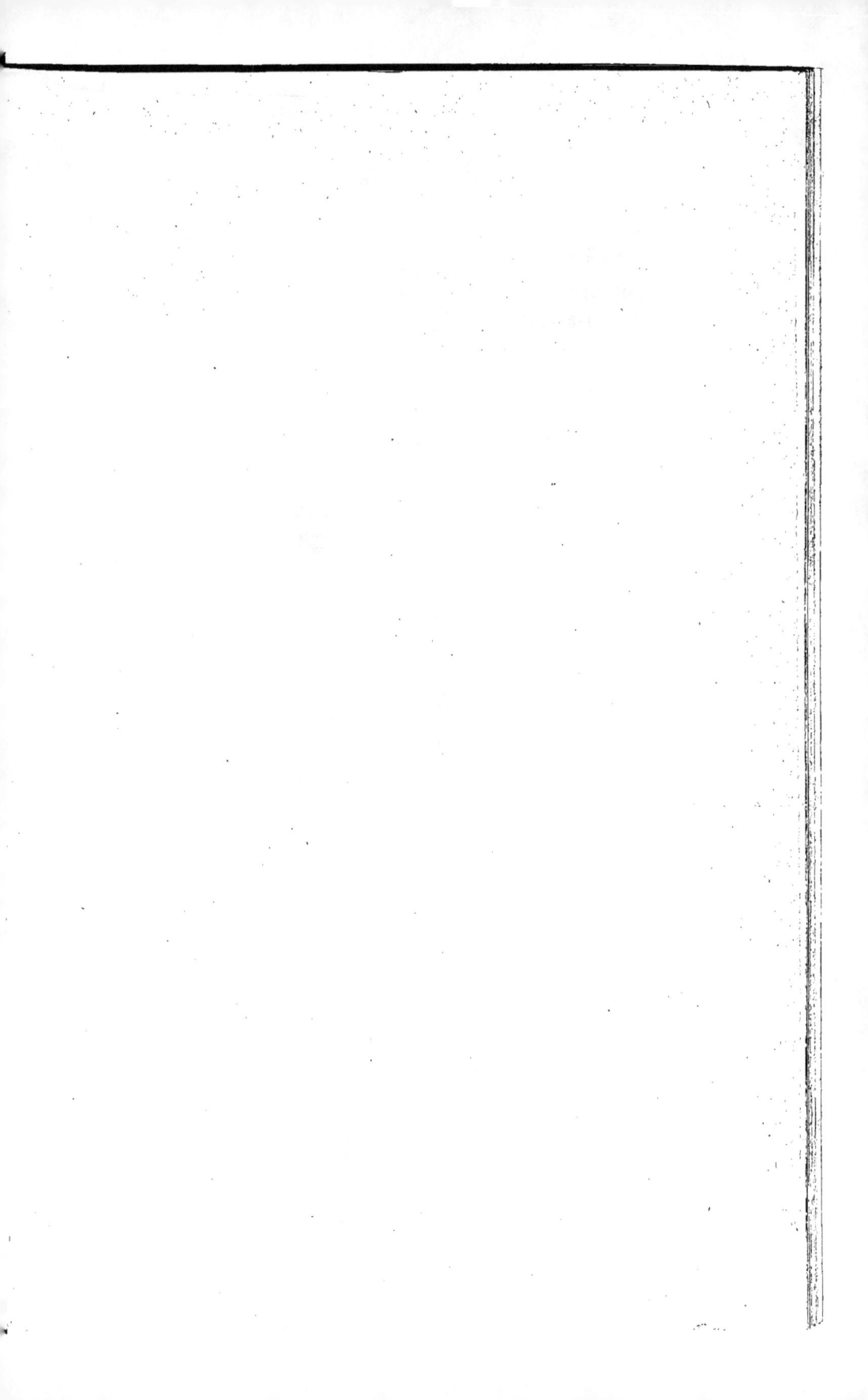

PLAN

de la maison appartenant à

Mr VUILLET-DURAND,

sise Rue Chalamond, 3, et rue Trois-Carreaux

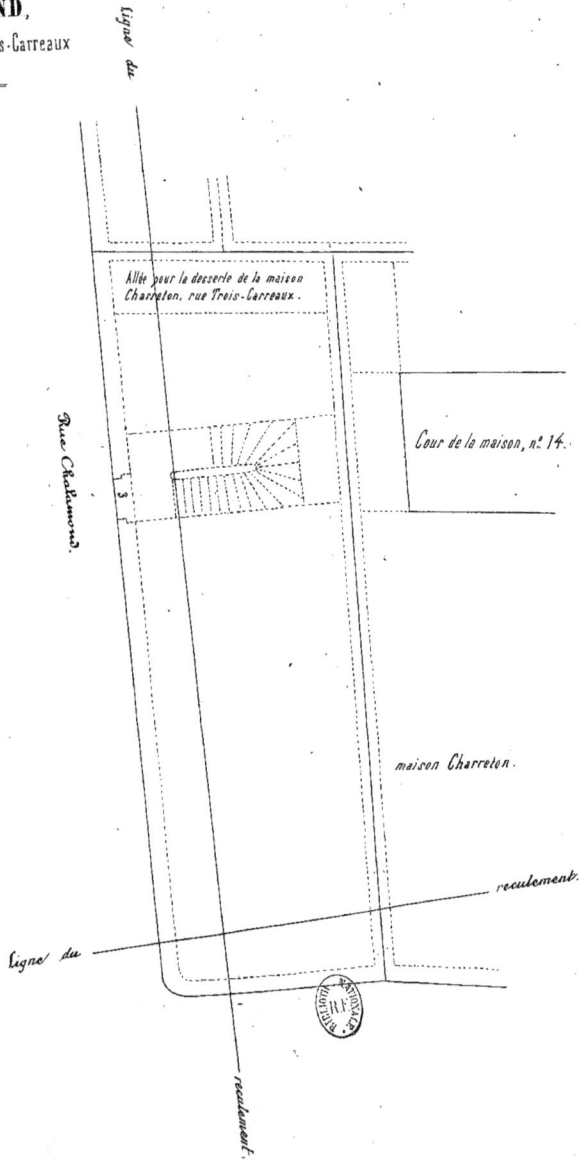

Ligne du

Allée pour la desserte de la maison
Charreton, rue Trois-Carreaux.

Rue Chalamond.

3

Cour de la maison, nᵒ 14.

maison Charreton.

reculement.

Ligne du

reculement.

MAISON DE M. VUILLET-DURAND.

Cette maison prend son entrée par la rue Chalamont et forme retour sur l'ancienne rue Trois-Carreaux. Elle se compose d'un corps-de-logis simple avec caves voûtées, rez-de-chaussée et quatre étages. Sa principale façade est sur la rue Chalamont, où elle est percée de sept ouvertures à chaque étage, et de deux sur la rue Trois-Carreaux. Son escalier est à limon plein et marches d'encentre; il sépare les magasins à l'orient avec celui à l'occident. Une allée pour la desserte de la maison de M. Charreton existe à son extrémité ouest.

Cette maison, dont la profondeur est d'environ 6 mètres, est d'une construction moderne, solide, avec soubassements et en-champs en pierres de taille, le tout en parfait état.

Elle se trouve frappée d'un fort reculement sur ses deux façades qui la transformera en un placage d'environ 4 mètres de profondeur.

Ces reculements, lorsqu'ils s'effectueront, seront cause de sa reconstruction complète, car l'escalier lui-même ne pourra être conservé. De là doit résulter pour l'avenir une énorme dépense en pure perte et apporter, en outre, par l'exiguité de la portion restante, une réduction notable dans le revenu actuel, et ce reculement est de nature à déprécier dès aujourd'hui la valeur de ladite propriété et à lui porter un préjudice considérable en cas de vente.

Cette situation détruit au-delà les avantages que cette maison peut retirer du nouveau plan de la rue.

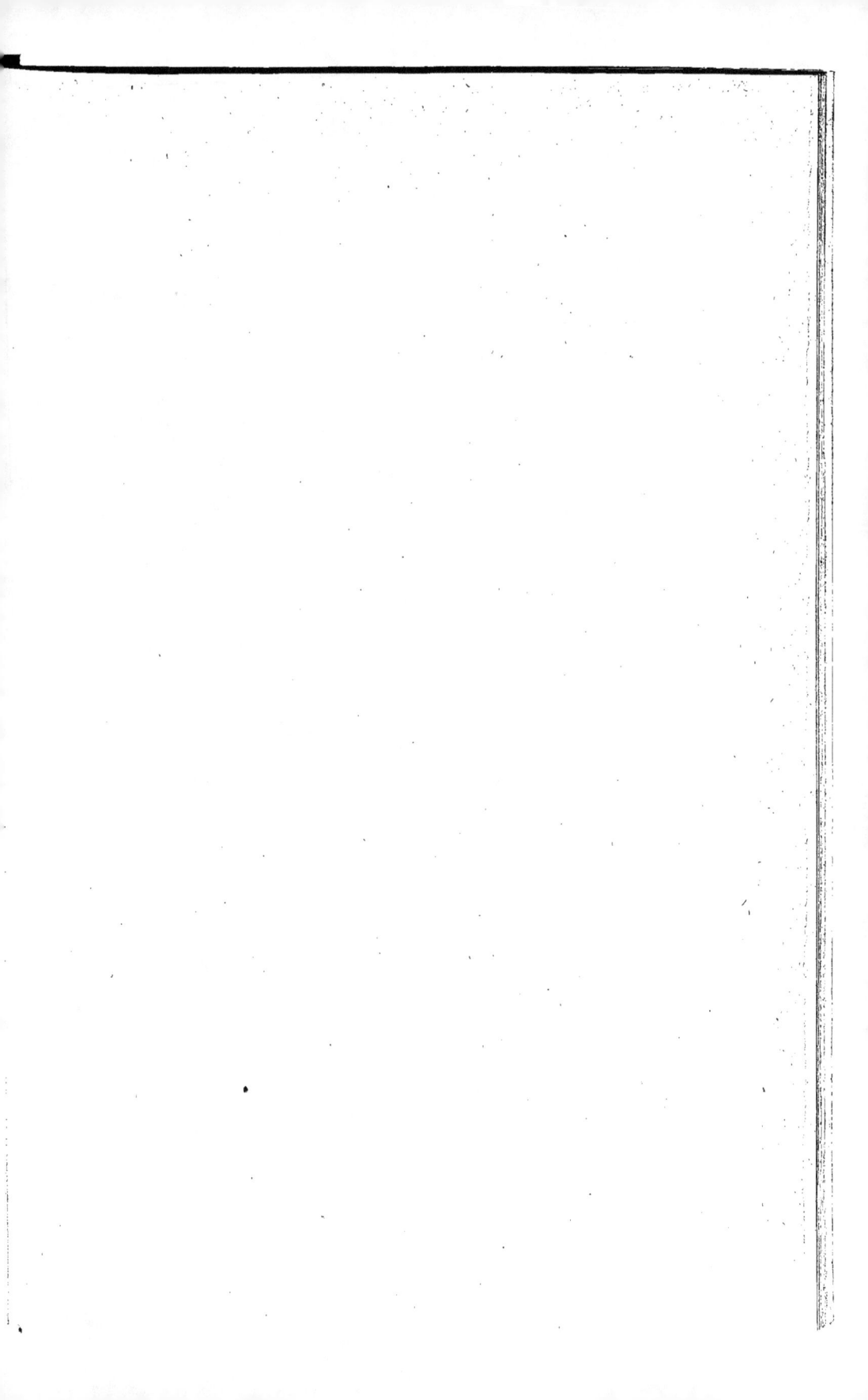

PLAN

de la maison appartenant à

M. de Villiers du Terrage

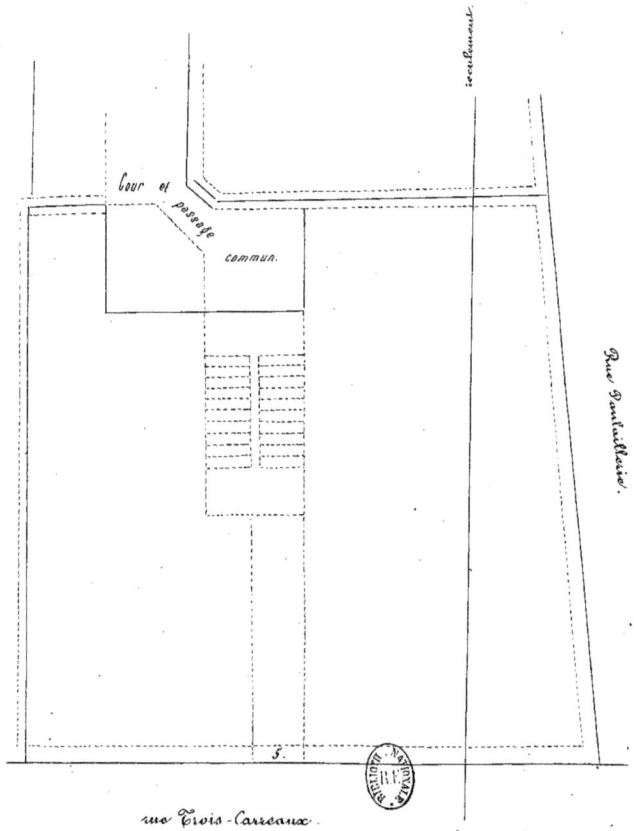

sise rue Trois-Carreaux, 5.

Cour et passage commun.

Rue Trois-Carreaux.

Rue Pointellerie.

MAISON DE M. PHILIPPE,

ACTUELLEMENT A LA FABRIQUE DE SAINT-NIZIER.

Cette maison se compose d'un corps de bâtiment simple qui n'a que 6 mètres 33 centimètres de profondeur hors d'œuvre, et d'une aile qui fait et enclave sur la maison voisine. Un escalier entre deux, à rampes droites, marches tournantes, limon plein et paliers, occupe le tiers de la longueur de ces bâtiments et prive de jour le couloir qui établit la communication entre les deux parties séparées par l'escalier.

Sa façade sur la rue est percée de trois ouvertures, tant au-rez-de-chaussée qu'aux étages au-dessus.

La construction de cette maison est médiocre.

Cet immeuble a été acquis en 1850 par la FABRIQUE de SAINT-NIZIER, des consorts PHILIPPE. Elle n'a acquis aucune plus-value par l'ouverture de la rue Centrale. Située à l'extrémité nord de la rue Troix-Carreaux, elle a toujours eu façade sur la place Saint-Nizier, qui, par sa position, a été de tout temps considérée comme la plus commerçante de la ville; son revenu et son capital sont restés constamment les mêmes. MM. FAURE et HUMBERT la tiennent en totalité depuis plus de cinquante ans; leurs baux ont toujours été renouvelés aux mêmes conditions. En 1845, à l'expiration d'un bail de 6,600 fr., un autre bail a été passé au même prix, pour cinq ans et demi seulement, le propriétaire espérant alors une plus-value que donnerait l'ouverture de la rue Centrale, dont il était déjà question. Il a été trompé dans son attente, car, quelque temps avant l'expiration de ce bail, MM. FAURE et HUMBERT ont demandé à en renouveler un de neuf ans.

M. PHILIPPE, qui alors voulait vendre sa maison, avait intérêt à porter le revenu au plus haut possible; il a fait tous ses efforts pour arriver à une augmentation, et il a échoué.

Le nouveau bail, qui expirera en 1860, n'est que de 6,800 fr. Cette légère augmentation de 200 fr. n'est qu'une fiction, puisque ce propriétaire a été obligé de faire pour 2,400 fr. de réparations exigées par les locataires. Ainsi qu'on le voit par cet exposé, il n'est survenu aucune plus-value à cette propriété.

La disposition du plan de la maison et la multitude de ses murs rendent peu possible une distribution qui lui serait plus favorable. Le rez-de-chaussée ne peut être loué qu'à un commerce en gros, comme il l'est depuis longtemps.

Ce n'est pas par un motif de spéculation que la FABRIQUE DE SAINT-NIZIER a fait l'acquisition de cet immeuble; un plus noble but l'a dirigée. Une partie des toitures déversent leurs eaux contre les murs de l'église, ainsi que les caniveaux recevant les eaux de la cour et de la pompe, ce qui produit une grande humidité à cet édifice. Depuis longtemps les maires de notre ville ont désiré isoler du côté midi cet édifice religieux, l'un des plus beaux et des plus remarquables de la cité. Ce qui n'a pu être fait jusqu'à présent, la FABRIQUE DE SAINT-NIZIER l'a entrepris; elle a acheté cet immeuble, non pour accroître ses revenus, non parce qu'elle avait des fonds à placer, elle l'a acquis en rentes viagères, elle se gênera pour les acquitter, et, lorsqu'elle sera libre, son unique but est d'abattre de cette maison tout ce qui est nécessaire pour isoler l'église Saint-Nizier.

Si la ville se trouvait aujourd'hui en face de la FABRIQUE, oserait-elle lui demander une plus-value, en récompense de ses sacrifices et de ses efforts pour la conservation du beau monument confié à ses soins? Les rôles ne sont-ils pas entièrement intervertis? Ne serait-il pas plus juste que la FABRIQUE réclamât le secours de sa caisse pour l'isolement projeté, qui seul donnera une plus-value incontestable au monument qui lui appartient? Cet isolement n'est-il pas pas aussi d'utilité publique, et lorsque la FABRIQUE l'aura effectué, viendra-t-elle réclamer une plus-value à la ville? Et que lui restera-t-il de la maison PHILIPPE? Quelques mètres de façade qui ne lui permettront d'en tirer aucun parti avantageux! Du reste, la FABRIQUE a déjà beaucoup fait pour la rue Centrale en démolissant l'avant-corps qui existait à son entrée au devant de la porte méridionale de l'église, sans compter ce qu'elle projette de faire encore pour l'achèvement de la façade.

Considérant d'ailleurs que la rue Centrale, au devant de la maison dont il s'agit, ne recevra d'amélioration que lorsque le reculement des maisons vis-à-vis sera effectué, et en suite des considérations consignées précédemment, je suis d'avis qu'il ne peut y avoir lieu à plus-value.

PLAN

de la maison appartenant à

M.ᶠ CHAURAND,

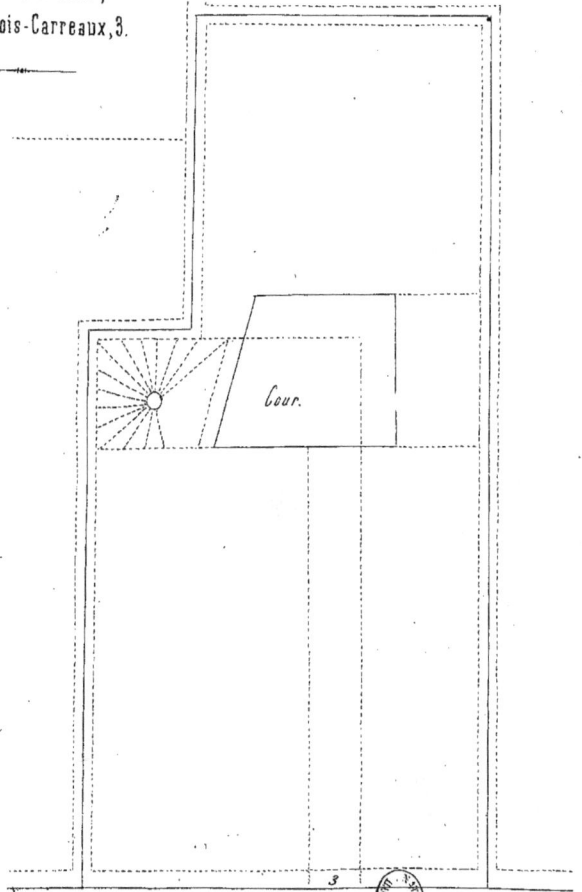

sise rue Trois-Carreaux, 3.

Cour.

3

Rue Trois-Carreaux.

MAISON DE M. CHAURAND.

Cette maison se compose : 1° d'un corps de bâtiment sur rue, avec caves, rez-de-chaussée, quatre étages et mansardes au-dessus ; 2° d'un corps de bâtiment sur cour, élevé avec rez-de-chaussée et quatre étages ; 3° d'une petite aile en retour reliant les corps de bâtiments.

L'escalier est en pierre, la première rampe droite, le reste à noyau ; la plupart des marches sont usées et d'un accès difficile.

La façade sur rue est percée de quatre croisées à chaque étage ; le rez-de-chaussée forme deux magasins, dont un à deux ouvertures et à l'autre une seule.

Un ciel vitré a été fait dans la portion disponible de la cour, pour faciliter la communication à l'arrière-magasin et utiliser toute la surface possible du sol de cette maison.

La façade est de construction moderne, et son intérieur est de style gothique dans un état médiocre.

La distribution des étages est vicieuse, simple d'agencements et sans parquets. Les appartements ne peuvent être améliorés sans amener des frais considérables, dont il serait difficile de retrouver l'intérêt, à cause du mauvais état de l'escalier.

Le rez-de-chaussée, qui n'a pas la profondeur et le développement des autres maisons, est loué à un épicier et à M. BELINGARD, quincaillier, l'un des locataires cités dans le rapport de M. FAVRE comme nouveau commerçant, amené par le fait de l'ouverture de la rue Centrale ; cependant ce locataire ne paye aucune augmentation ; son bail lui a été passé au même prix qu'à son devancier, malgré la fermeture coûteuse qui a été faite.

Les autres étages n'ont subi aucune augmentation. Du reste, depuis 1829, les revenus de cette maison, qui s'élèvent à 9,500 f., n'ont pas sensiblement varié, et sont encore aujourd'hui les mêmes.

On ne comprend pas quelles pourraient être les causes de la différence en plus de 30,000 fr. que l'expert donne à cette maison après l'ouverture de la rue Centrale, sans citer aucun motif concluant à l'appui.

Cette propriété ne recevra d'influence avantageuse de cette ouverture que lorsque la rue Centrale sera régulière dans son parcours et que les maisons qui lui font face seront reculées sur le nouvel alignement. Alors seulement on conçoit qu'il pourra y avoir avantage à cette propriété et à celles qui lui sont voisines, soit par l'élargissement de la rue, qui est dans cet endroit le point le plus étroit, soit par la largeur des trottoirs, qui pourra être considérablement augmentée.

Le reculement des maisons GAYET-GOURD, DE JERPHANION et autres permettra la vue directe sur la place Saint-Nizier et donnera plus d'air et de jour. Jusque là, il ne peut y avoir amélioration pour ces propriétaires, qui sont toujours dans la rue Trois-Carreaux et qui n'ont gagné que bruit et encombrement.

Ainsi, dans cet état, cet immeuble, ne recevant aucune amélioration immédiate, ne peut être frappé de plus-value.

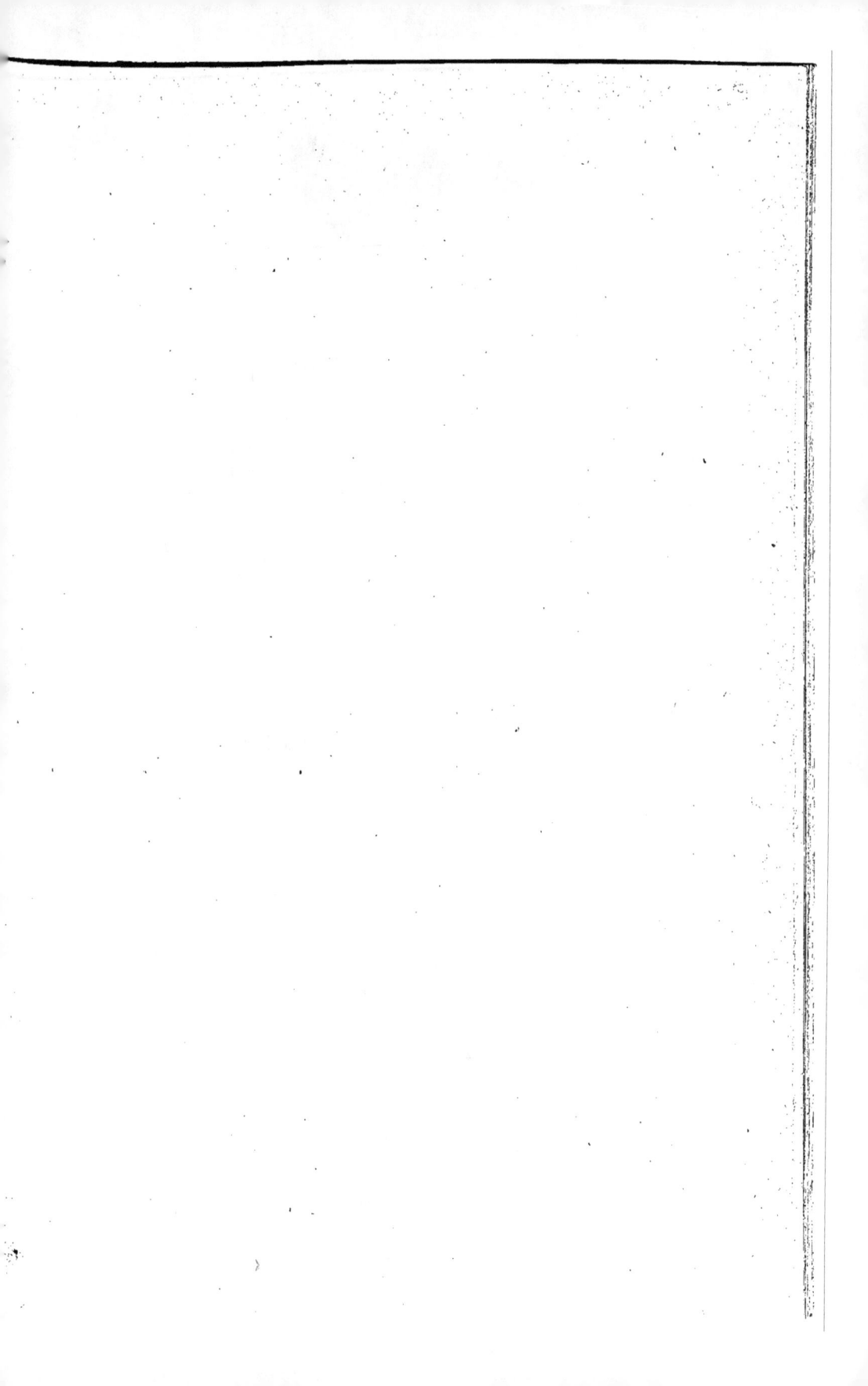

Cour de l'église St Nizier.

Église St Nizier.

Cour

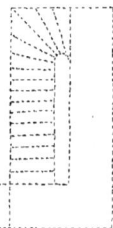

PLAN
de la maison appartenant à
Mr PHILIPPE
sise rue Trois-Carreaux, 1,

actuellement à la fabrique de St Nizier.

Cédé à la voie
publique.

Rue Trois-Carreaux.

MAISON DE M. DE VILLIERS DU TERRAGE.

Cette maison fait l'angle de la rue de la Poulaillerie et de la rue Trois-Carreaux. Sa façade principale est sur la première de ces rues.

Elle se compose d'un corps de bâtiment double sur la rue Trois-Carreaux, d'un retour sur la rue de la Poulaillerie et d'une petite aile au nord de la cour, qui est commune, ainsi que l'allée, avec la maison voisine.

Elle est élevée de rez-de-chaussée et quatre étages, percée de cinq baies de croisées sur la rue de la Poulaillerie.

Le rez-de-chaussée se compose de deux magasins : celui de MM. Faure frères, marchands rouenniers, ayant deux ouvertures, et celui de MM. Bouyer et Cⁱᵉ, marchands d'indiennes en gros, qui fait l'angle.

Cette maison est d'une construction solide ; l'escalier donnant sur la cour est en pierres de taille.

L'expert de l'administration évalue qu'il y a lieu, pour elle, à une plus-value de 26,000 fr., dont la moitié due par le propriétaire. Comme pour les précédentes propriétés, son rapport ne donne aucune raison qui motive cette plus-value.

Pour délimiter la circonscription de l'effet d'une plus-value possible par suite d'un percement, n'y a-t-il pas lieu d'examiner si le décret du 16 septembre 1807 a pu avoir en vue des avantages autres que ceux matériels et persistants ?

Le décret veut, ce me semble, les avantages produits par les travaux.

Qu'un dégagement augmente pour une maison le jour et l'air, qu'il lui fasse cesser une enclave, qu'il mette en façade des terrains, des bâtiments perdus dans des profondeurs, voilà des améliorations saisissables et acquises quand elles sont réalisées. Le percement de la rue Centrale, bien au sud de la rue Trois-Carreaux, n'a rien fait de semblable pour cette maison particulièrement; le seul résultat de ce percement est une augmentation de circulation. Cette augmentation, à quelque degré qu'on la fasse monter, est-elle *un avantage acquis*, suivant l'expression du décret, avec ce caractère de durée qui peut motiver une indemnité qui serait irrévocablement acquise à ceux qui la recevront? Cet avantage n'est-il pas au contraire accidentel et variable par le fait d'autres percées ou spéculations particulières? Du reste, que lui importe cette augmentation de circulation, plutôt nuisible qu'avantageuse au commerce de gros qui l'habite?

Quant à la valeur donnée à cet immeuble, j'observerai que l'expert ne la porte dans son rapport, après l'ouverture de la rue Centrale et la prétendue plus-value, qu'au même prix de 180,000 fr. qu'elle a coûté en 1826, comme en fait foi l'acte passé chez M. DUGUEYT, notaire.

Les revenus de cette maison depuis son acquisition ont peu varié, comme il sera possible de le justifier. Elle fut louée en totalité, en 1809, à la maison DESGACHE, moyennant 10,600 fr. sans déduction de tous les impôts, mis à la charge du locataire; en 1826, à 10,000 fr.; en 1847, à 10,100 fr., et en 1850, après l'ouverture de la rue, à 10,005 fr. seulement.

Comme on le voit, il n'y a aucune augmentation dans le revenu, malgré les travaux coûteux qui ont été faits pour améliorer le rez-de-chaussée de MM. FAURE frères, consistant principalement en la suppression du mur de refend, remplacé par des colonnes en pierre placées en sous-œuvre, afin d'établir une communication directe entre le magasin et l'arrière-magasin, et la transformation de la cave en un magasin, avec descente à l'intérieur, etc., etc.

La disposition des appartements, le peu d'agencements, le manque de parquets, font craindre qu'à l'expiration des baux existants, le propriétaire ne soit forcé de faire des dépenses considérables pour les mettre en rapport avec les appartements des maisons neuves qui l'avoisinent, s'il ne veut pas se trouver exposé à des réductions sur le revenu, ainsi que cela a eu lieu pour l'appartement du quatrième étage, qui, en 1840, était loué 460 fr., en 1849 que 375 fr. Cette location est devenue vacante en 1850, et depuis elle n'a pu trouver un locataire à ce prix. Que si on voulait louer les magasins à des industries de luxe, c'est-à-dire à des industriels exigeants, on serait obligé de faire des changements et réparations importantes, comme fermetures, parquets, etc., etc.; tandis que les négociants qui les habitent se contentent de portes à clous et barreaudages de fer aux croisées.

Je ne reviendrai pas sur les prétendus avantages donnés par l'augmentation de circulation, comme nous l'avons déjà dit plusieurs fois. Il est plutôt désavantageux qu'utile pour le genre de commerce placé dans cet immeuble, vu le rétrécissement de la rue, avantage qui ne pourra exister que lorsque le reculement des maisons en face aura été effectué sur le nouvel alignement.

En raison de ces faits, et considérant en outre que cette maison est frappée sur la rue de la Poulaillerie d'un reculement qui enlève la presque totalité du magasin de l'angle toute plus-value ne peut être réclamée à cet immeuble; tel est du moins mon avis.

Cour.

Cour.

Cour de la maison
voisine.

rue de la Poulaillerie.

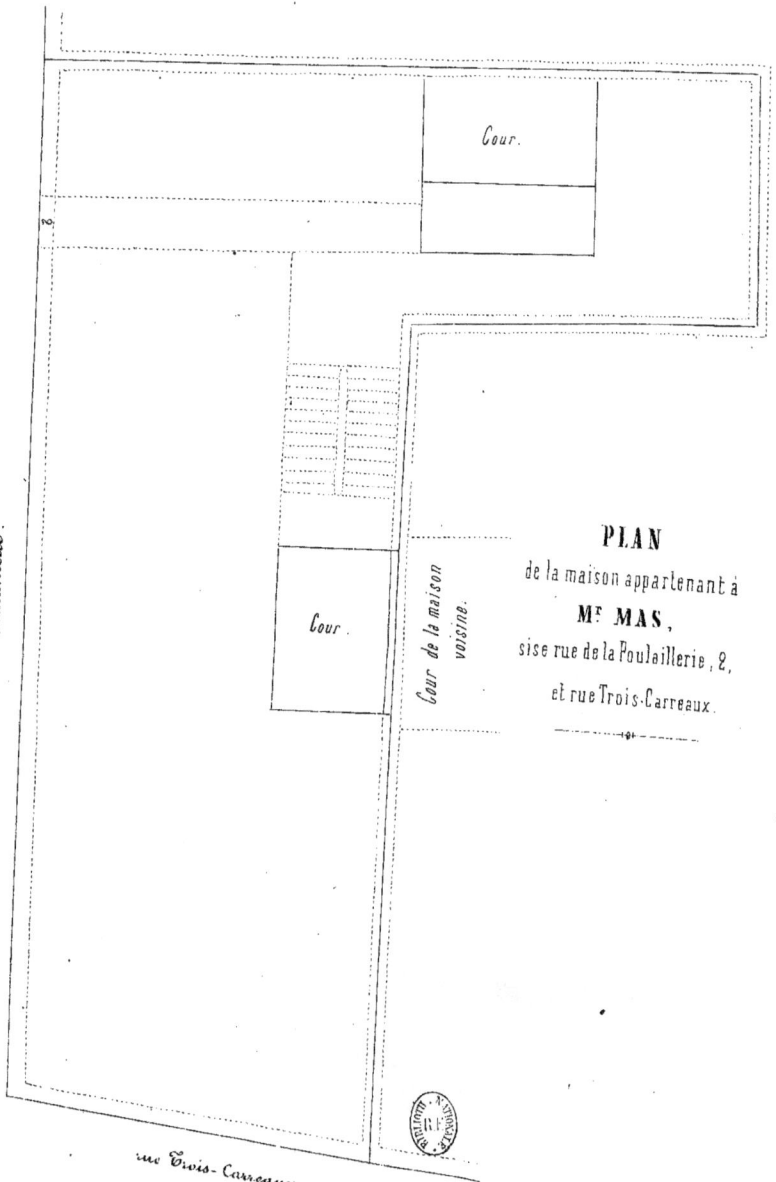

rue Trois-Carreaux.

PLAN
de la maison appartenant à
M^r MAS,
sise rue de la Poulaillerie, 2,
et rue Trois-Carreaux.

MAISON DE M. MAS.

Cette maison fait l'angle de la rue de la Poulaillerie ; elle est élevée de rez-de-chaussée avec quatre étages. Sa principale façade et son entrée sont sur la rue Poulaillerie ; elle prend jour, dans cette rue , par dix ouvertures à chaque étage et par quatre seulement sur la rue Trois-Carreaux. Elle est desservie par un escalier en pierre à deux rampes, donnant sur la première cour. Sa construction peut dater, comme le dit M. FAVRE , d'environ cinquante ans.

Cet expert, dans son rapport, donne une plus-value totale à cet immeuble de 44,000 fr., sans préciser aucun avantage saisissable. Comme pour les autres propriétaires , il pose un calcul ne reposant sur aucune base : « *L'immeuble avant le percé valait............ aujourd'hui il vaut............... or, la différence est de.............. donc............... etc. , etc.* » Avec cette formule, on pourrait mettre bien des chiffres ; mais quand on s'attaque à une fortune privée et qu'on vient demander à un propriétaire une somme aussi importante , il faut, ce me semble, des raisons positives.

Et d'abord , où donc est cette plus-value? Comment peut-on l'établir sans en prouver les conséquences? Si elle existe , c'est l'augmentation des revenus qui en fera foi. Or , la presque totalité des propriétaires m'ont démontré, les preuves en mains, que leurs maisons , lorsque la rue se nommait Trois-Carreaux et Basse-Grenette , rendaient plus qu'elles ne rendent actuellement.

Cet immeuble, avant d'être de la rue Centrale, est toujours de la rue de la Poulaillerie, puisque là seulement est la principale façade, l'entrée et le numéro. Cette dernière est devenue moins fréquente depuis l'ouverture de la rue Centrale.

Elle ne touche à la rue Trois-Carreaux que par quatre croisées, formant deux pièces. Tous les autres logements sont sur la rue de la Poulaillerie et sur les cours. Ce peu de jours qu'elle a sur la rue Trois-Carreaux aurait donc donné à la maison entière une importance telle, qu'on puisse la juger d'une plus-value de 44,000 fr. ? Mais on oublierait que ladite avait sa valeur avant le percé, valeur très sérieuse; elle n'aura même qu'à perdre dans cette affaire; car elle était auparavant exclusivement occupée par des maisons de gros, obligées, par suite des exigences commerciales, de résider dans un quartier spécial d'un rayon assez limité et devant par conséquent payer de fortes locations.

C'est ici le cas de répondre à ce qui est dit pour le bail de M. GUIGARD, sur lequel insiste le rapport; les héritiers MAS offrent de prouver au jury, en lui soumettant les anciens baux, que le prix actuel de cette location est de beaucoup inférieur à celui obtenu autrefois pour les magasins de toilerie, de blanc et de rouennerie.

Les appartements de cette maison, par leur distribution intérieure, ont subi une dépréciation depuis la création de la rue Centrale. Les héritiers MAS sont aujourd'hui dans l'alternative ou de faire d'immenses réparations, sans espoir d'une augmentation équivalente, ou de louer à prix réduits; ils sont sans cesse mis en concurrence avec les contructions nouvelles de la rue Centrale, où chaque logement, fait au goût du jour, est orné de tout le luxe moderne et le confortable désiré. Les locataires ne peuvent se décider pour cette maison, dont les jours sont presque en entier sur la rue de la Poulaillerie et qui est loin de leur offrir les agréments de la nouvelle rue. Cette situation est cause d'une différence notable sur les prix des locations.

Enfin, le rez-de-chaussée a été loué pour une vingtaine d'années; en supposant qu'à l'expiration de son bail, il fût augmenté, serait-il juste de faire payer actuellement et par anticipation une plus-value sans compensation et qui serait doublée par le cumul des intérêts? Non, je ne le pense pas.

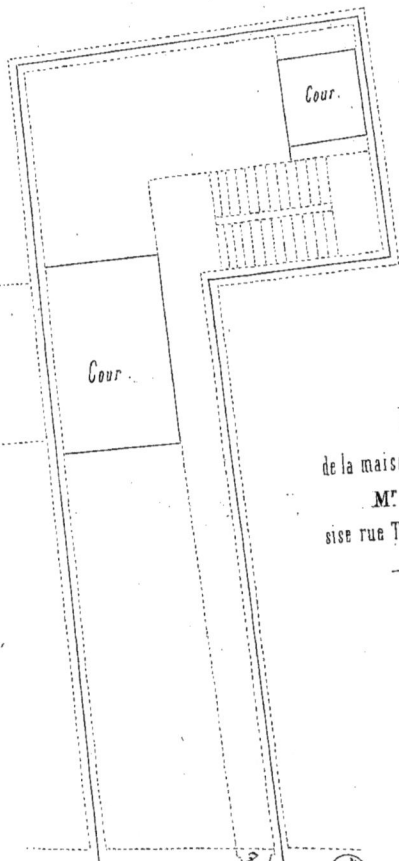

PLAN

de la maison appartenant à

Mr VIGIER.

sise rue Trois-Carreaux, 7.

Cour.

Cour.

rue Trois-Carreaux.

MAISON DE M. VIGIER.

———

Cette maison se compose d'un bâtiment ayant vue sur la rue et sur la cour, et d'un arrière-magasin.

Elle comporte caves voûtées, rez-de-chaussée et quatre étages desservis par un escalier en pierre, avec galerie de communication au bâtiment sur la rue. Chaque étage forme deux petits logements séparés ; celui sur la rue a deux baies de croisées.

Le magasin, occupé par un commerce de mercerie, n'a qu'une seule ouverture sur une largeur de 3 mètres 60 centimètres ; largeur qui se rétrécit en allant du côté de la cour. Cette cour, recouverte d'un ciel vitré, établit la communication avec un arrière-magasin voûté, presque privé de lumière.

Le peu de largeur de ce magasin ne peut faire espérer que le genre de location qui l'occupe actuellement, parce qu'il n'exige pas de profonds rayonnages.

Depuis l'ouverture de la rue Centrale, cette maison n'a profité d'aucun des avantages attribués à cette nouvelle voie ; au contraire, un des appartements, devenu vacant, n'a pu être loué qu'au bout d'un an d'attente, qu'avec un rabais de cent francs.

L'inspection de cet immeuble peut convaincre que la disposition de son intérieur est peu susceptible de changements ou d'améliorations ; son peu de largeur ne permet d'avoir qu'une seule pièce sur la rue et une autre sur la cour. La troisième pièce, au fond de

la cour, est isolée par la galerie ; cela explique pourquoi les locataires actuels, engagés par des baux, désirent leur expiration pour
quitter ces lieux ou chercher des logements plus commodes, ou
pour obtenir une diminution du propriétaire.

Le locataire qui occupe le rez-de-chaussée et le premier étage
a un bail dont l'expiration n'aura lieu que dans huit ans.

En présence d'une semblable position, je ne vois pas qu'il y
ait plus-value immédiate, comme le veut la loi.

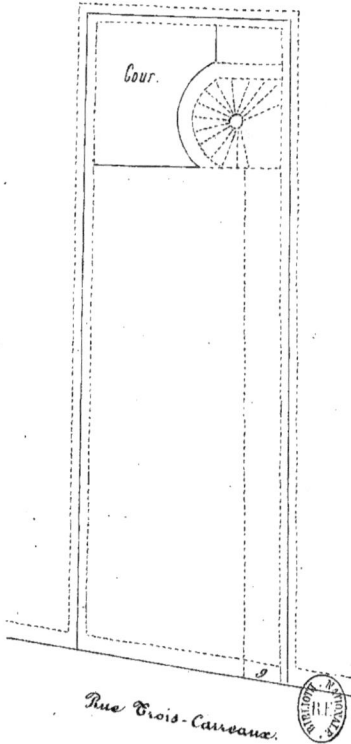

PLAN
de la maison appartenant à
M.ᵉ CHAMBRY,
sise rue Trois-Carreaux, 9.

Cour.

Rue Trois-Carreaux.

MAISON DE M. CHAMBRY.

———

Cette maison se compose d'un seul corps de bâtiment desservi par un escalier rond en pierre, avec rampe en bois au sommet. Elle est élevée de six étages, avec rez-de-chaussée ; percés de deux ouvertures chacun.

Le magasin du rez-de-chaussée est ouvert sur la rue par un arc. La largeur de ce magasin n'est que de 3 mètres 80 centimètres, son plancher très peu élevé. Un ciel-ouvert a été pratiqué dans la cour, qui n'a que 1 mètre 85 centimètres au devant de la cage d'escalier. Les marches de l'escalier à noyau qui dessert les appartements sont hautes et étroites, ce qui en rend l'accès difficile; les portes palières très basses, et les cabinets d'aisance en dehors des appartements.

Cette maison est de construction fort ancienne et en médiocre état. Dans le but de pousser les locations aux dernières limites , des dépenses considérables ont été faites, notamment pour la distribution et les agencements des étages, la pose de cheminées en marbre , etc., etc.

L'ouverture de la rue Centrale n'a pas été plus avantageuse à cette maison qu'aux précédentes. Le bail du rez-de-chaussée et du premier étage , expiré en juin 1849 , a été provisoirement renouvelé à M. PERROD pour six années, avec 600 fr. de diminution; cependant, pour être dans le vrai, je dois dire qu'il vient d'être prolongé de trois ans avec augmentation de 400 fr., ce qui reportera, à cette époque, la location au même prix que celui qui existait avant l'ouverture de la rue Centrale.

Le troisième étage, devenu vacant, a été loué cette année à M. Renaud, avec un rabais de 13 fr. sur le prix ancien.

Comme on le voit, il n'y a eu aucune augmentation dans les valeurs locatives; sur quoi l'expert de la ville se fonde-t-il pour dire « *qu'aujourd'hui et depuis que la nouvelle rue a été* » *livrée à la circulation publique, et avec les avantages dont il a* » *profité, cet immeuble vaut 13,000 fr. de plus,* » comme représentant la valeur acquise, tandis qu'on vient de démontrer qu'il n'y a eu que perte et réduction ? En conséquence, je ne pense pas qu'en cet état, on puisse appliquer à cet immeuble une plus-value.

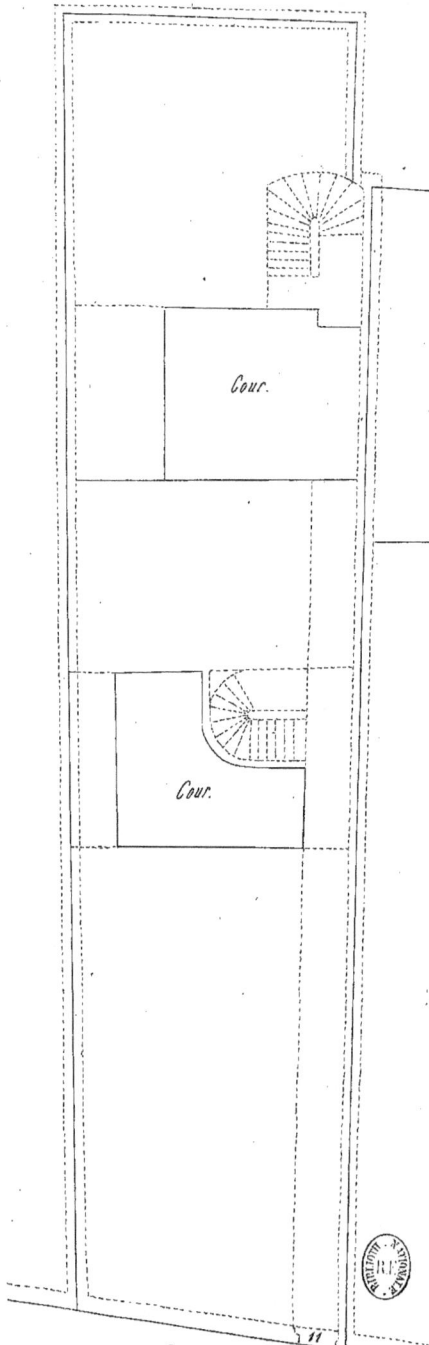

rue Aubois.

Cour.

Cour.

PLAN

de la maison appartenant à

M.ᶜ CHARRIN.

sise Rue Trois Carreaux, 11.

11

rue Trois-Carreaux.

MAISON DE M. GARNIER-CHARRIN.

––––

Cet immeuble se compose : 1° d'un corps de bâtiment ayant vue sur la rue Trois-Carreaux et sur une première cour, élevé d'un rez-de-chaussée et cinq étages ; 2° d'un autre corps de bâtiment, entre les deux cours, ayant rez-de-chaussée et quatre étages ; ces deux corps de bâtiments desservis par un escalier circulaire à noyau ; 3° d'un arrière-corps de bâtiment séparé des précédents par une cour ; il a un escalier particulier.

L'intérieur de cette maison est d'une construction très ancienne ; de nombreuses réparations y ont été faites pour la consolider. Le rez-de-chaussée a deux arcs sur la rue ; son plancher est peu élevé.

Pour établir une communication et utiliser toute la surface du rez-de-chaussée de cet immeuble, les cours ont été recouvertes de ciels vitrés et les croisées transformées en portes, de manière à ne faire qu'un grand magasin irrégulier, lequel est occupé, avec les premier, deuxième, troisième et portion du quatrième étages, par le commerce en gros de draperie de la maison CHARRIN. Indépendamment des réparations faites à cette maison par le propriétaire, d'énormes dépenses ont été faites par MM. CHARRIN, qui se plaignent de l'ouverture de la rue Centrale et disent que leur commerce éprouve un préjudice occasionné par l'augmentation de la circulation, très gênante pour les déballages et le chargement de leurs marchandises, en les exposant, à chaque instant, à des contraventions pour embarras sur la voie publique; ce qu'il n'éprouvait pas avant l'ouverture.

Cette maison est évaluée par M l'expert à la somme de 130,000 fr.; cependant elle a été estimée, à la mort de M. CHARRIN père, à celle de 215,000 fr., et comptée pour telle, dans sa succession, à Mme GARNIER-CHARRIN, et depuis des frais considérables de réparations y ont été faits.

Cet immeuble, qui a une facade très étroite en raison de sa profondeur, n'est propre qu'à des maisons de gros, qui l'ont de tout temps occupée; tout son intérieur a été disposé dans ce but, aussi n'existe-t-il aucune distribution ni agencement d'appartements dans ses étages. M. GARNIER a un grand intérêt à maintenir ce genre de location; il ne pourrait trouver aucun autre genre d'industrie qui pût lui en offrir un revenu aussi certain. Vainement le distribuerait-il de nouveau en appartements: la mauvaise disposition du plan de cette maison, jointe au mauvais état des escaliers, lui empêcherait d'en tirer un meilleur parti que celui actuel. Les dépenses qu'on y ferait seraient en pure perte.

Malgré les réparations faites dernièrement par le propriétaire, s'élevant à environ 6,000 fr., il a eu beaucoup de peine à maintenir son ancien prix.

En présence de semblables faits, peut-on exiger une plus-value? Je ne le pense pas.

Ancienne rue Basse-Grenette.

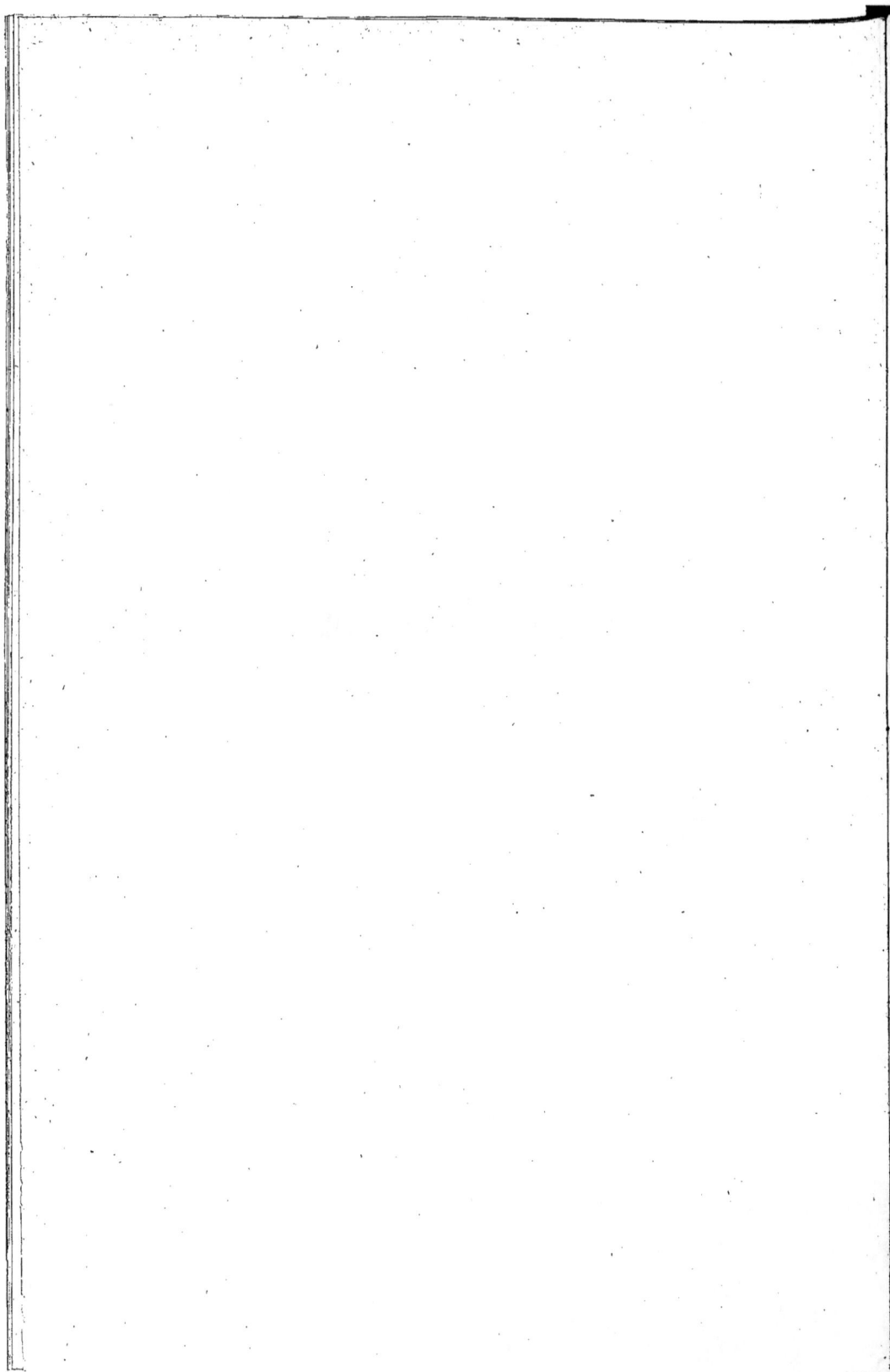

PLAN

de la maison appartenant aux consorts
Revel, Dareste, Moline, Desgaultier et Verlay,
et pour un magasin à Mr Laporte,
sise Rue Basse-Grenette, 1, et rue Dubois.

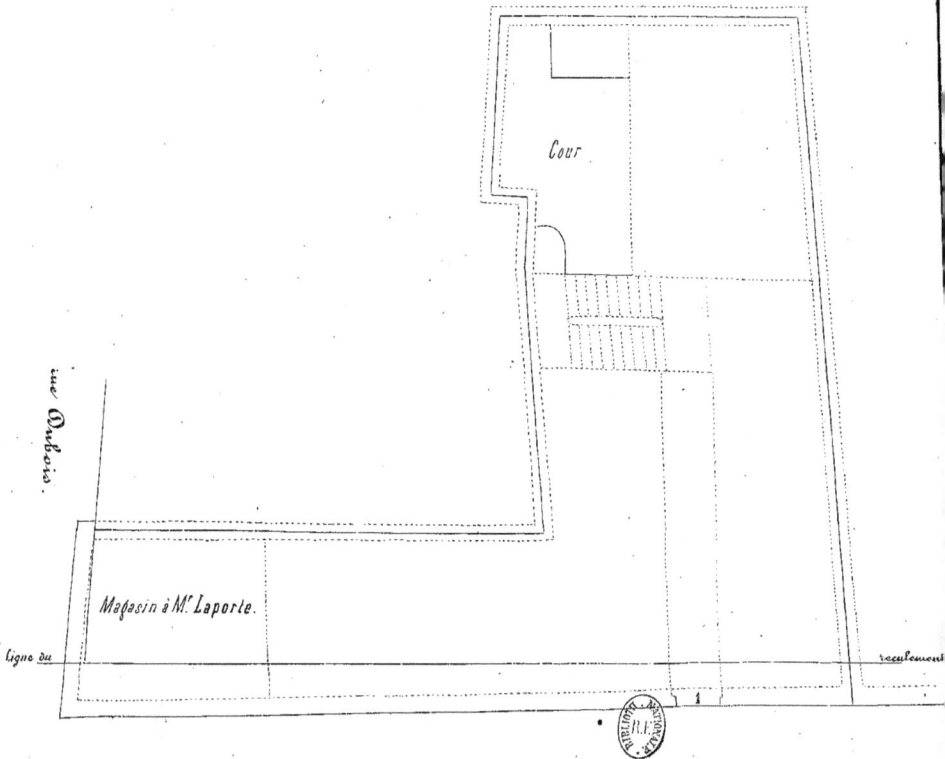

Cour

rue Dubois

Magasin à Mr Laporte.

ligne du   reculement

1

Rue Basse-Grenette.

MAISON APPARTENANT AUX CONSORTS DARESTE MOLINÉ, DESGAULTIÈRE ET VERLY, COPROPRIÉTAIRES INDIVIS, ET POUR UN MAGASIN SEULEMENT A M. LAPORTE.

Cet immeuble fait l'angle de la rue Dubois et de la rue Basse-Grenette, où il prend entrée.

Il se compose d'un corps de bâtiment simple occupant les trois cinquièmes de la longueur et d'un corps-de-logis double avec retour sur la cour, élevés de rez-de-chaussée et quatre étages desservis par un escalier à rampes droites.

Cette maison, d'une construction solide et en bon état, est frappée de reculement sur les deux façades sur la rue Basse-Grenette; le reculement est d'environ 1 mètre 50 centimètres. La façade sur cette rue a huit ouvertures à chaque étage et une seule sur la rue Dubois.

Le magasin de l'angle appartient à M. LAPORTE avec la cave en dessous ; il forme enclave dans la propriété dont il s'agit.

Le bâtiment simple, qui occupe, comme je l'ai dit, la plus grande étendue de la façade, n'a que 3 mètres 85 centimètres environ dans œuvre ; il sera réduit à 2 mètres 35 centimètres de largeur lorsque le reculement aura lieu.

D'après les documents fournis par les propriétaires, le prix un peu plus élevé obtenu du locataire général tient à diverses circonstances qui seront expliquées à la Commission composant le jury spécial. Pour le moment, je me contenterai de dire que c'est absolument le même prix qui fut demandé il y a dix ans et que cet immeuble était le seul de toute la localité qui n'eût pas suivi la progression ascendante des locations.

Les nouveaux locataires généraux avaient depuis lomgtemps leurs magasins de gros dans cette maison ; ils étaient intéressés à ne pas les quitter.

Depuis, plusieurs appartements sont devenus vacants ; ils n'ont pu les louer aux prix anciens. Une partie du quatrième étage, restée vide six mois, a été louée avec une réduction de 100 fr., outre les réparations qu'ils ont été forcés de faire, et le cinquième étage a éprouvé une diminution de 20 fr.

Si l'on considère que cette maison, dans son peu de profondeur, est frappée d'un reculement qui laissera un placage très étroit, ne permettant plus de trouver des magasins convenables et des distributions d'appartements ; qu'il existe pour cette maison les inconvénients détaillés aux observations générales, ne peut-on pas en conclure qu'ils annulent les avantages de la nouvelle voie ?

MAGASIN DE M. LAPORTE.

Ce magasin, situé au rez-de-chaussée à l'angle des rues Dubois et Basse-Grenette, est percé, sur cette dernière, de deux ouvertures et d'une seulement sur l'autre. Il forme enclave dans la maison des consorts REVEL, DARESTE, DESGAULTIÈRE et VERLY. Sa largeur dans œuvre, de 3 mètres 85 centimètres, doit être frappée par le nouvel alignement de plus de 1 mètre 50 centimètres de reculement et de 60 centimètres sur la rue Dubois ; ces reculements effectués, il ne restera qu'une faible surface. Ce magasin, qui se trouve sans cheminée ou gaîne pour recevoir un poêle, est depuis longtemps occupé par un commerce d'indiennes. Le bail vient d'être renouvelé pour une longue durée, sans augmentation de prix.

En conséquence, je ne pense pas qu'il y ait motif à plus-value.

PLAN

de la maison appartenant à

M.^r de la **VERPILLÈRE**,

sise Rue Basse-Grenette, 3, et rue Grenette, 13,

pour un magasin à Me Ve Durand.

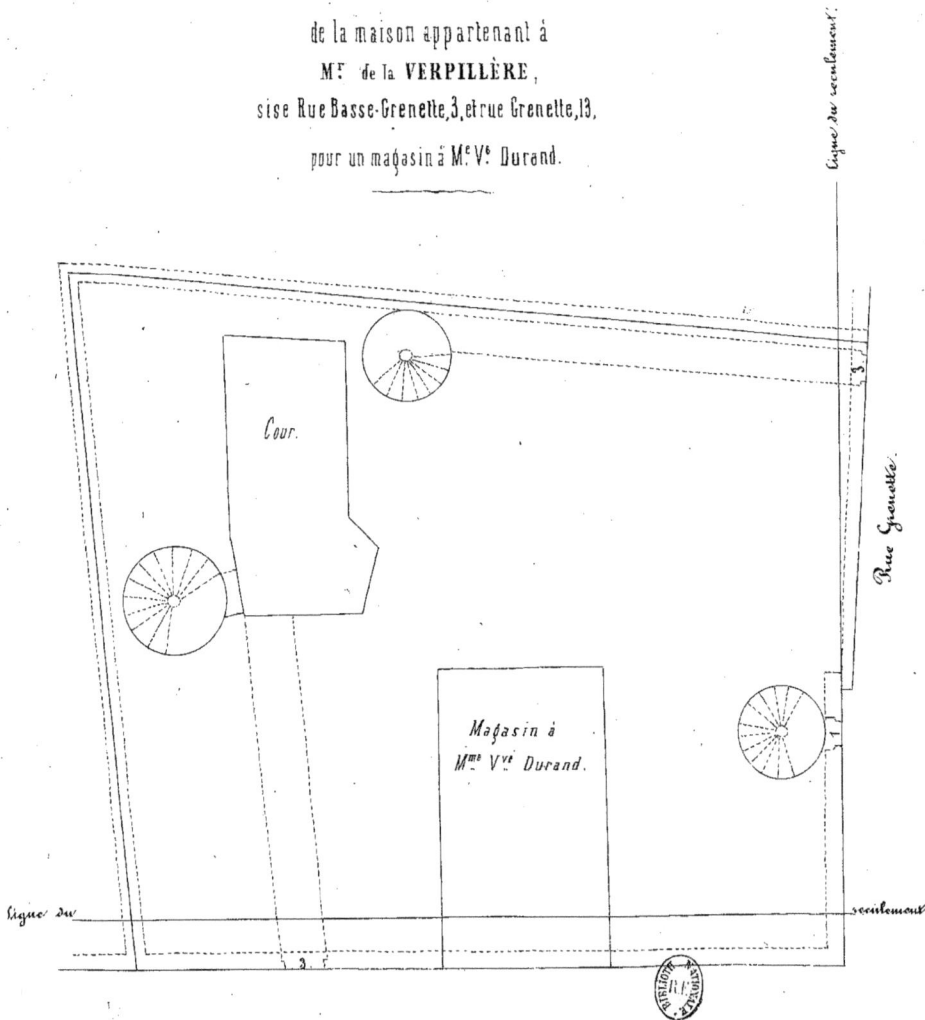

Cour.

Magasin à
Mme Vve Durand.

MAISONS DE LAVERPILLIÈRE.

————

Cette propriété, faisant l'angle des rues Grenette et Basse-Grenette, se compose de trois corps de bâtiments distincts, élevés de rez-de-chaussée et quatre étages, ayant une cour commune et chacun un escalier particulier en pierre, de forme circulaire et à noyau, de très ancienne construction et en mauvais état.

La façade du corps de bâtiment le plus à l'orient sur la rue Grenette est retenue par des tirants en fer.

Le bâtiment d'angle a son escalier sur la façade.

Les trois escaliers, d'un petit diamètre, avec marches hautes et foulées, étroites, sont incommodes.

Les planchers sont d'inégales hauteurs.

Un des magasins sur la rue Basse-Grenette appartient à Mme veuve DURAND; il forme enclave dans cette propriété, assujettie à un reculement d'environ 1 mètre 50 centimètres sur toute la longueur de sa façade, rue Basse-Grenette, et d'un reculement moyen de 60 centimètres pour la portion portant le n° 3 sur la rue Grenette :

La note qui m'a été remise sur cet immeuble me dispense de rechercher les considérations qui peuvent militer en sa faveur. Je la transcris littéralement :

« Après avoir lu le rapport de M. FAVRE, on se demande si les » faits articulés par cet expert sont incontestables, et si l'ouver-

» ture de la rue Centrale aurait réellement donné à ces immeubles
» une telle augmentation de valeur que leurs possesseurs dussent
» se trouver heureux de n'avoir point à payer une plus-value plus
» forte encore que celle assignée à chacun d'eux.

» Nous ne demanderons pas à l'auteur de ce rapport à quelles
» sources il a puisé les renseignements, la plupart erronés, sur
» lesquels il se fonde pour fixer la quotité de cette énorme plus-
» value, dans lequel il s'attaque surtout à la famille de Mme veuve
» DE LAVERPILLIÈRE, en assurant *qu'il a servi d'intermédiaire*
» *à des spéculateurs qui voulaient savoir si cette dame voulait*
» *vendre, et qu'elle fit répondre qu'elle vendrait, mais qu'elle*
» *voulait 600,000 fr. de trois petites maisons réunies formant*
» *l'angle des rues Basse-Grenette et Grenette.*

» Plus bas, M. l'expert qualifie cette prétendue demande de
» *ridicule.*

» Or, Mme veuve DE LAVERPILLIÈRE est décédée en 1846, et
» ses héritiers, qui sont M. DE LAVERPILLIÈRE et Mme veuve
» DU MAUPAS, possédant par indivis la maison dont il vient d'être
» parlé, assurent que leur mère ni eux ne sont point entrés en
» prix avec M. FAVRE pour la vendre, et ne peuvent concevoir
» le mauvais vouloir de ce dernier à leur égard, tandis qu'un peu
» plus haut, dans son rapport, il s'abstient de nommer un autre
» propriétaire possédant dans ces mêmes rues une maison *de 12 à*
» *14,000 fr. de revenu, qui lui en demandait un prix tellement*
» *exagéré, que, calculé au denier 20, il aurait fait arriver le pro-*
» *duit de son immeuble à 28,000 fr., juste le double du revenu*
» *avant l'ouverture.*

» Quant aux baux renouvelés, depuis l'ouverture de la rue
» Centrale, avec les locataires de la maison des héritiers de
» Mme DE LAVERPILLIÈRE, le principal, celui de M. PARENT,
» qui occupe le magasin au rez-de-chaussée, à l'angle des rues
» Basse-Grenette et Grenette, avec trois pièces au premier étage
» et l'arrière-magasin, était, avant l'ouverture, de 3,000 fr. de
» loyer; il a été renouvelé, à partir du 24 juin 1849, pour six
» années, sans augmentation de prix, au même locataire, et c'est
» cependant l'emplacement le plus favorable de toute la maison,
» ayant entrée et vue sur ces deux rues, de tout temps recher-
» chées du commerce.

» Le bail du sieur SONTHONAX, cordonnier, occupant sur la
» rue Grenette, au rez-de-chaussée, un magasin avec arrière-
» magasin, et des appartements aux troisième et cinquième étages

» et une pièce dite *la Tour*, était , depuis le 24 septembre 1846,
» fixé au prix de 1,700 fr., devant expirer le 24 juin 1853; il a
» été renouvelé pour cinq ans au même prix qu'il était avant l'ou-
» verture.

» Le bail de Mlle Marie CLERC, marchande de mercerie ,
» occupant un beau magasin , même rue , sans appartement,
» était , avant l'ouverture , du prix de 1,200 fr.; il a été renou-
» velé pour neuf ans , à partir du 24 juin 1849 , au même prix
» de 1,200 fr.

» Le bail des demoiselles VALANSOT, tailleuses, occupant un
» appartement de trois pièces et une petite cuisine au deuxième,
» à l'angle des rues Grenette et Basse-Grenette, dont le prix, avant
» l'ouverture, était de 625 fr. , étant expiré le 24 juin 1849 , un
» nouveau bail pour trois années fut passé avec M. GEOFFRAY-
» VALANSOT, au même prix ; ce dernier est expiré le 24 juin 1852,
» et ce locataire ayant quitté cet appartement, il est resté
» vacant jusqu'à ce jour. »

. » Les autres locataires de ce numéro n'ont pas voulu se sou-
» mettre à une augmentation, et ceux dont les baux ont été pro-
» rogés payent les mêmes prix ou même des prix moindres que
» ceux antérieurs à l'ouverture de la nouvelle rue.

» Le magasin sur la rue Basse-Grenette qu'occupait le sieur
» MOREL , marchand boucher, avec deux pièces au troisième et
» une pièce sous le comble de la tour de l'escalier, de ce côté,
» était louée, avant l'ouverture de la rue Centrale, au prix de
» 1,300 fr. ; le bail étant expiré le 24 juin 1852, on a joint à cette
» location deux pièces au premier étage sur la cour, valant
» 300 fr., et le tout a été loué, à partir de cette date, pour
» six ans, au sieur ROUSTAIN, marchand épicier, au prix de
» 1,900 fr., ce qui ne fait que 300 fr. d'augmentation, et encore
» ne l'a-t-on obtenue qu'en faisant à ce magasin d'importantes et
» dispendieuses réparations.

» Les sieurs BISET et VIALLET, marchands de mercerie, occu-
» paient dans la même maison, rue Basse-Grenette, avant l'ouver-
» ture de la nouvelle rue, un magasin au rez-de-chaussée, un
» autre grand magasin au premier étage et deux pièces, les deux
» magasins éclairés sur ladite rue, et les deux pièces sur la cour,
» au loyer de 1,900 fr. Leur bail ayant fini le 24 juin 1852, on
» a ajouté à ces locaux deux pièces situées au rez-de-chaussée, sur
» la cour, et, par un nouveau bail partant de ladite époque, le
» prix du loyer a été porté à 2,500 fr.; mais l'augmentation n'est

7

» que de 300 fr. par an, puisque les pièces ajoutées à cette loca-
» tion valent 300 fr. de loyer par an, outre que ces locataires ont
» exigé de nombreuses réparations.

» Les locations des deuxième, troisième et quatrième étages
» ont fort peu varié de prix depuis l'ouverture de la rue nou-
» velle.

» Ces faibles augmentations dans le prix des loyers des rez-de-
» chaussée et premier étage, et quelques autres plus insignifiantes
» obtenues des locataires des deuxième, troisième et quatrième
» étages, eussent certainement été aussi facilement consenties par
» eux, au moyen des concessions qui leur ont été faites par les
» propriétaires, si ces renouvellements de baux eussent eu lieu
» avant l'ouverure de la rue Centrale, on n'en saurait douter.

» Qui de nous ignore que, depuis un temps immémorial, les
» rues Trois-Carreaux et Basse-Grenette étaient très-marchandes
» et fort recherchées du commerce, et que les propriétaires des
» maisons qui y sont situées n'avaient pas attendu l'ouverture de
» la nouvelle rue pour en augmenter successivement les loyers et
« les porter à des prix élevés?

» N'est-ce pas dans ces mêmes rues que les riches maisons de
» commerce SERRE, LAPORTE et CHARRIN sont devenues quatre
» et cinq fois millionnaires? Il existait dans ces anciennes rues
» bien d'autres négociants en draperie, rouennerie, toilerie et
» autres articles, parvenus à une grande fortune depuis nombre
» d'années, et qui, se disputant ces localités si avantageusement
» situées pour la prospérité de leur négoce, en avaient dès long-
» temps porté les locations aux prix les plus élevés.

» L'ouverture de la rue Centrale n'a donc influé que fort peu
» sur l'augmentation du revenu des maisons qui y sont situées,
» tandis que son résultat le plus immédiat, et notamment pour
» les maisons assujetties au reculement, est d'empêcher leurs
» propriétaires d'y faire les grosses réparations qui auraient pu
» les consolider, et d'y pouvoir établir de beaux magasins et
» appartements qui fussent en rapport avec ceux des beaux quar-
» tiers de la ville. Tous ne possèdent pas les sommes énormes
» qui leur seraient nécessaires pour faire abattre leurs antiques
» maisons et les faire reconstruire avec luxe, de manière à les
» mettre, pour le grandiose et le confortable, à l'unisson avec
» les grands et beaux édifices qui ont été bâtis dans la nouvelle
» rue, à la place des misérables constructions des rues étroites et
» insalubres qu'elle traverse, et dont les propriétaires ont bien

» réellement profité de la plus-value acquise par leur terrain, par
» l'ouverture de cette rue, destinée sans doute à devenir par
» la suite plus commerçante qu'elle ne l'est de nos jours ; car la
» plupart des marchands qui s'y sont jetés avec un empressement
» trop précipité et aveugle, se plaignent de s'être abusés et d'y
» faire mal leurs affaires, malgré la beauté de cette rue et la
» grande affluence des passants, qu'y attirent la commodité de
» ses trottoirs, la largeur de sa voie charretière et sa salubrité,
» avantages incontestables dont jouit également la rue Bourbon,
» qui n'en est pas moins pour les marchands une localité très
» défavorable à la prospérité de leur commerce. »

MAGASIN DE Mme Veuve DURAND.

Ce magasin, d'une seule pièce, enclavé dans la maison des
héritiers DE LAVERPILLIÈRE, prend son entrée sur la rue Basse-
Grenette par deux ouvertures très basses ; sa largeur n'est que de
4 mètres 65 centimètres dans œuvre, et de 2 mètres 45 centimètres de hauteur sous poutre.

Ce magasin est frappé, d'après les plans de la ville, d'un reculement de 1 mètre 50 centimètres environ, qui réduira considérablement sa superficie déjà restreinte. Cet inconvénient, joint au
peu de hauteur de son plancher, le rendra peu susceptible de
recevoir un magasin de luxe ou de nouveautés.

Il est occupé par un marchand de draperie en détail ; son peu de
profondeur ne permet pas qu'on puisse le louer à un commerçant
en gros. Le locataire actuel, en liquidation, assure qu'à l'expiration de son bail, dont la durée est encore de deux années, il ne
pourra continuer sans une réduction sur le prix de la location,
objectant que le peu de largeur des trottoirs et le bruit des voitures rendent ce magasin impropre à un commerce de détail et
lui occasionne un notable préjudice.

Dans une semblable position, il m'est impossible pour le moment de reconnaître une plus-value.

Côté occidental de la rue Basse-Grenette.

Avant de faire la description particulière de chaque maison de ce côté et de donner mon avis, je crois convenable de rappeler, comme je l'ai dit, que ces maisons étaient maintenues sur leur alignement dans l'ancien plan de la ville, portant un projet d'ouverture de rue aboutissant à la place de la Préfecture. Cette rue était établie sur le prolongement de ces maisons.

Par le nouveau plan adopté et mis en exécution, tout le côté occidental de l'ancienne rue Basse-Grenette se trouve frappé d'un très fort reculement plaçant les immeubles de ce côté dans une position moins favorable et tout à fait préjudiciable à leur valeur vénale.

Il est encore utile de faire remarquer que ce reculement est plus considérable que celui indiqué au rapport de M. FAVRE, notamment pour les maisons situées à l'extrémité méridionale. La maison la plus rapprochée du nouveau percé doit éprouver un reculement de plus de 3 mètres et non de 2 mètres.

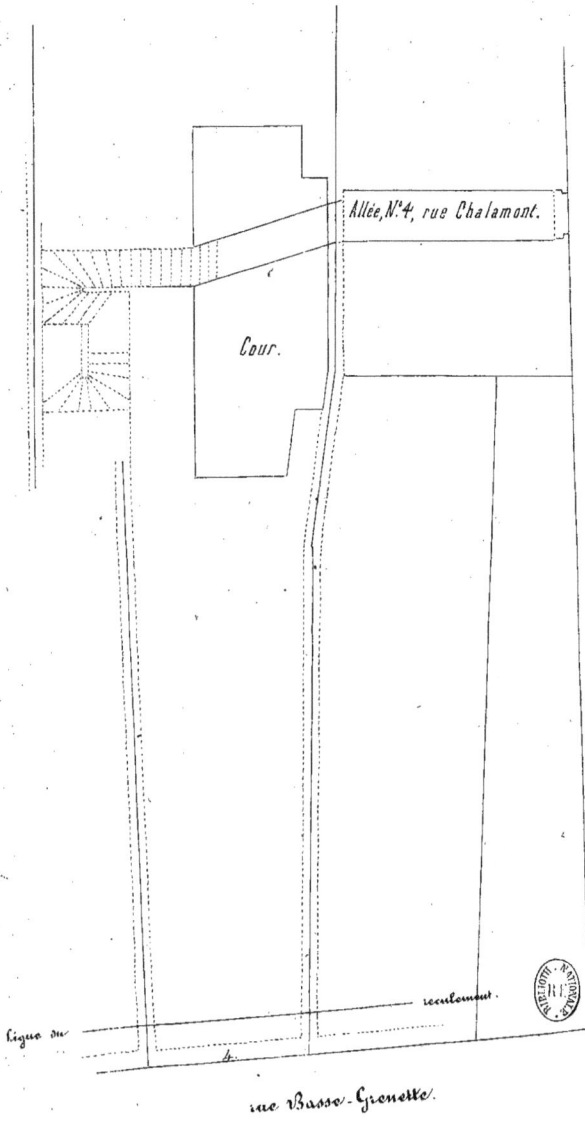

PLAN
de la maison appartenant à
M.ʳ SERRE,
sise rue Basse-Grenette, N.º 4,
desservis par l'allée, N.º 4, rue Chalamont.

Allée, N.º 4, rue Chalamont.

Cour.

rue Chalamont.

Ligne du   reculement.

rue Basse-Grenette.

MAISON DE MM. CHAURAND ET BIÉTRIX,

COHÉRITIERS DE M. SERRE.

Cette maison se compose d'un double corps de bâtiment ayant façade sur les ruès Basse-Grenette et Mercière, et non de deux maisons contiguës, comme l'indique le rapport de l'expert de la ville ; il n'existe qu'un seul escalier pour la desserte de ce double corps de bâtiment, qui a son allée dans la maison voisine, rue Chalamont, 4.

Elle est élevée de rez-de-chaussée et cinq étages au-dessus du côté de la rue de Centrale, de quatre étages avec lucarnes sur le toit du côté de la rue Mercière ; ses caves sont voûtées.

La largeur des deux façades est très étroite ; celle sur la rue Centrale a 4 mètres 30 centimètres dans œuvre ; l'autre, sur la rue Mercière, 4 mètres 60 centimètres à l'intérieur des murs.

Le magasin sur la rue Centrale a une seule ouverture ; son plancher n'est élevé que de 3 mètres ; un arc a été percé en sous-œuvre pour communiquer à la cour, recouverte d'un ciel vitré afin d'utiliser tout le terrain possible du rez-de-chaussée. Le même locataire occupe le premier étage.

La disposition intérieure de cette maison est vicieuse ; elle rend les appartements peu commodes ; on y arrive par un escalier étroit à marches tournantes et irrégulières, éclairé en second jour par une galerie reliant les deux corps-de-logis. Celui sur la rue Centrale a une seule pièce sur le devant et une sur la cour ; l'autre corps-de-logis, à l'occident, se compose de deux chambres et une cuisine dans laquelle on est obligé de passer pour y communiquer, en descendant plusieurs marches.

Avant l'ouverture de la rue Centrale, le magasin et le premier étage sur la rue Mercière étaient loués au prix de 2,000 fr. ; ils ont été reloués avec une diminution de 1,000 fr. par an.

La totalité de l'immeuble a été louée jusqu'à la Saint-Jean dernière pour une somme de 8,390 fr. ; par un nouveau bail verbal du 25 mars de cette année, cette maison a été louée pour neuf années au prix de 8,100 fr. C'est encore une diminution de 290 fr.

La location des étages supérieurs est, depuis trois ans, presque impossible, par suite de la quantité d'appartements mieux agencés et plus commodes qui environnent cette maison.

Le deuxième étage, le mieux agencé, autrefois occupé par M. SERRE, est à louer malgré les réparations qu'on y a faites.

Je dois ajouter que les locataires généraux ont un bail verbal de neuf années qui devait être changé en un bail authentique ; ils se montrent peu empressés de le faire, parce qu'ils ont le deuxième étage et une partie du quatrième vides.

Et c'est à un immeuble que l'on vient de grever d'un reculement considérable, c'est malgré toutes ses pertes, que l'on demande une plus-value, sans aucun égard à la dépréciation que l'on convient de lui avoir fait éprouver sur la rue Mercière !

PLAN

de la maison appartenant à

Mr. LAPORTE,

sise Rue Basse-Grenette, 6.

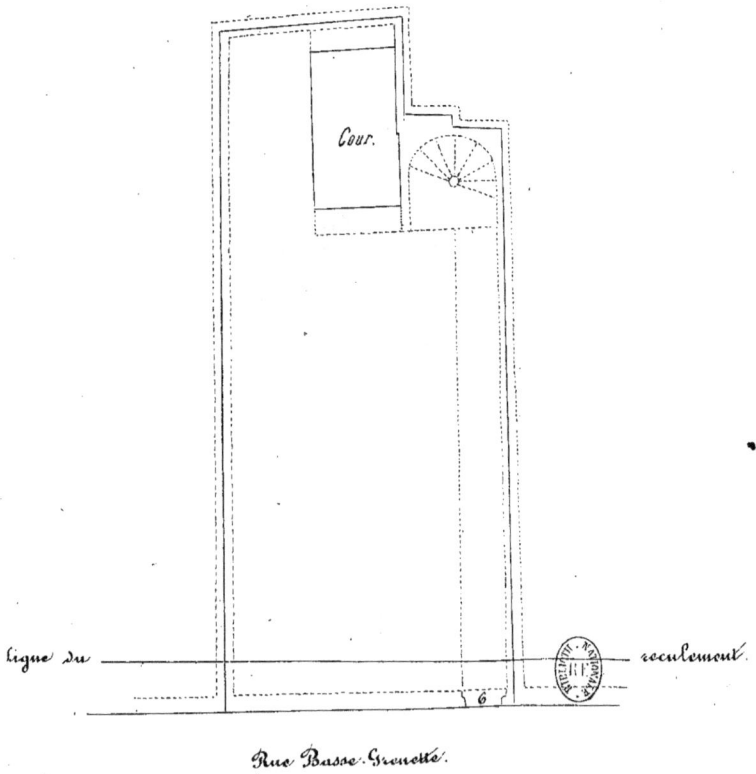

Cour.

ligne du _____ reculement.

6

Rue Basse-Grenette.

Lith. Nigon.

MAISON DE M. C.DE LAPORTE.

NOTA.—Cette maison, dans les copies des rapports de M. FAVRE, est désignée sous le nom de M. JULIEN TRIPIER.

Cet immeuble forme un corps de bâtiment double sur la rue et deux ailes en retour sur la cour; dans l'un est un escalier en pierre à noyau, à marches hautes et foulées de 15 centimètres en moyenne, et à paliers inégaux et dangereux.

Sa façade sur la rue est élevée de rez-de-chaussée et étages. Le rez-de-chaussée percé de trois baies, deux au magasin, une à l'allée; les étages, de deux fenêtres et deux demi-fenêtres.

Le magasin a 6 mètres 15 centimètres de largeur; sa hauteur sous sommier n'est que de 2 mètres 45 centimètres. On communique à l'arrière-magasin par trois petites ouvertures; cet arrière-magasin est éclairé par une baie donnant sous une galerie voûtée qui le rend très sombre et oblige l'emploi de la lumière en plein midi. La petite cour à la suite, de 1 mètre 40 centimètres de largeur, est recouverte d'un ciel vitré. Les cabinets d'aisance sont placés en dehors des appartements; on y communique par l'escalier.

Le revenu de cette maison est fixé, depuis trente ans, par le commerce LAPORTE, FALQUE et CHARTRON, et en dernier lieu par LAPORTE et CHARTRON, à 4,500 fr. Ce produit ne saurait être augmenté, la maison se trouvant dans de très mauvaises conditions de construction et de distribution. Elle se compose, au rez-de-chaussée comme au premier étage, de deux pièces, l'une sur la rue, l'autre sur la cour; l'exiguité de cette cour laisse les pièces sur le derrière dans une telle obscurité, qu'on est contraint d'avoir constamment de la lumière.

A cet inconvénient il faut joindre celui de l'escalier à noyau, tellement rétréci, étroit et escarpé, que son parcours est dangereux. Il en résulte l'impossibilité d'obtenir, pour les étages supérieurs, des locataires fortunés. MM. LAPORTE et CHARTRON, qui occupent les deuxième et troisième étages, n'ont pu s'y établir qu'en louant l'un et l'autre des étages correspondants de la maison voisine au midi; ils l'ont fait pour avoir du jour et surtout pour éviter le mauvais escalier de la maison LAPORTE, qui mettait leur vie en danger

Les étages supérieurs ont toujours été occupés, avant et après l'ouverture de la rue Centrale, par des ouvrières dévideuses, tailleuses, repasseuses, etc., etc.

Le percement de la nouvelle rue n'a apporté aucune amélioration. Cette maison, avant ce nouveau, était en harmonie avec l'ancien plan de la ville; sa façade pouvait être restaurée et son intérieur modifié à volonté; aujourd'hui, pour obéir au nouveau plan accordé à la rue Centrale, elle est assujettie à un reculement d'environ 1 mètre 80 centimètres. Sa reconstruction en retraite exigera la démolition entière de l'immeuble, qu'aucune combinaison ne peut empêcher, à cause de son peu de profondeur et d'un mur de refend qui, rapproché d'autant du mur de face, détruirait l'usage des magasins qui font la presque totalité de ses revenus.

Cette opération serait désastreuse pour le propriétaire, les chiffres vont le démontrer :

Cette maison a été licitée par les cohéritiers LAPORTE en 1828 pardevant le Tribunal civil de Lyon. M. Claude LAPORTE est resté adjudicataire au prix de . . . . 92,000 fr.

Frais d'enregistrement, cahier des charges, etc. . 8,000

TOTAL. . . . . 100,000 fr.

Voilà un prix supérieur de 20,000 fr. à l'estimation faite par l'expert; je pourrais m'arrêter là, mais poursuivons.

Elle a coûté. . . . . 100,000 fr.
Elle produit 4,500 fr., soit 4 $\frac{1}{2}$ p. %.
Pour la rebâtir, la dépense peut être évaluée à . . 100,000

Le nouveau capital arrive à . . . . 200,000 fr.

Néanmoins , le propriétaire n'aura qu'une façade étroite, une maison moins profonde , composée de quatre pièces par étage. Dans ces conditions, peut-on espérer un revenu qui excède 5,000 fr.? Non! Alors les capitaux employés se trouveront réduits à 2 $\frac{1}{2}$ p. %. Est-ce là que se trouvera la plus-value demandée ?

Dans ce calcul je ne fais pas entrer en ligne de compte le préjudice qu'occasionnerait le déplacement d'un commerce existant dans cette maison depuis quatre-vingts ans, et cependant c'est cette raison seule qui a empêché cette reconstruction. On sait que ce ne sont pas les capitaux qui manquaient à son propriétaire !

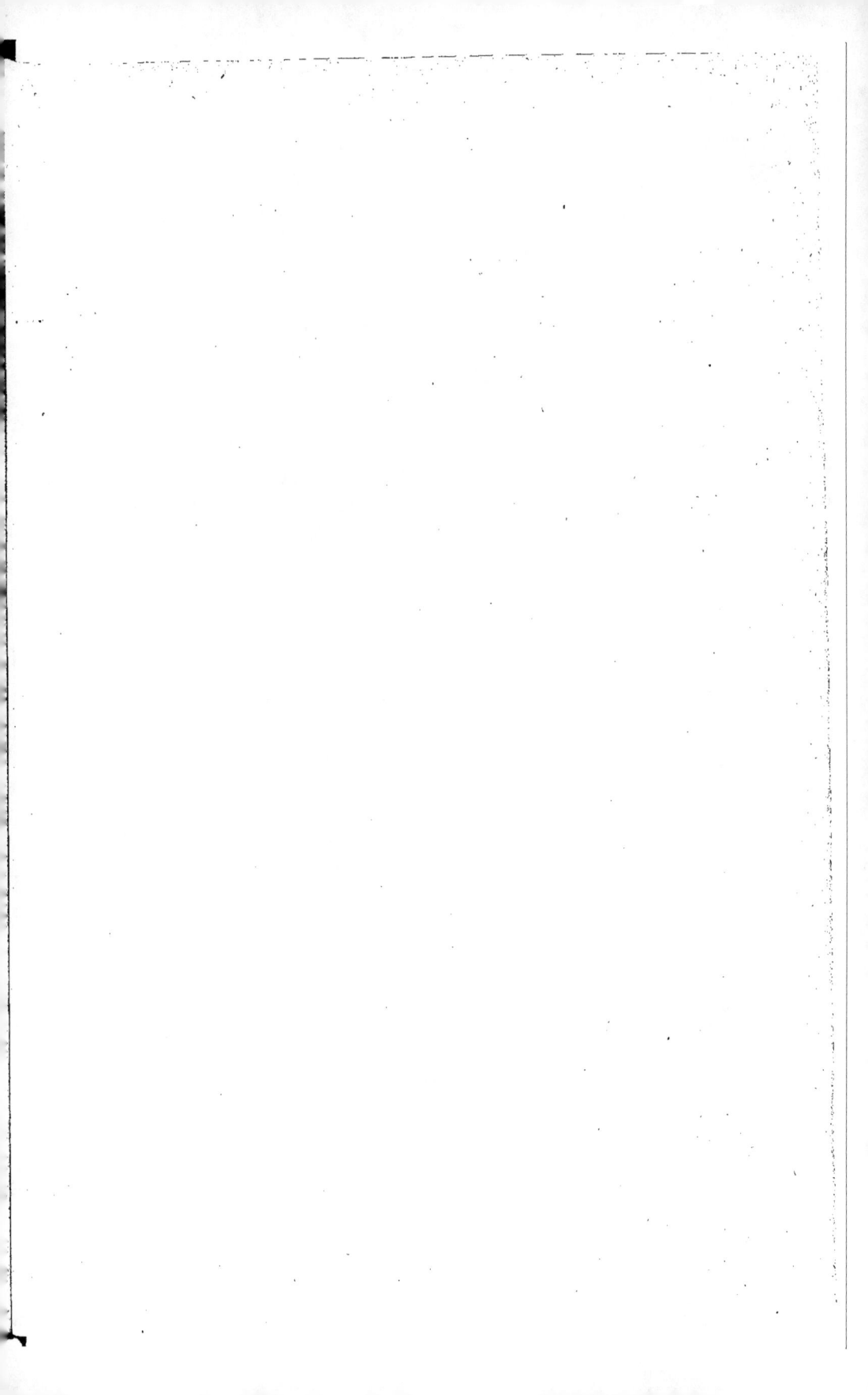

PLAN

de la maison appartenant
aux héritiers **GONDAMIN**,
située rue Basse-Grenette, 10.

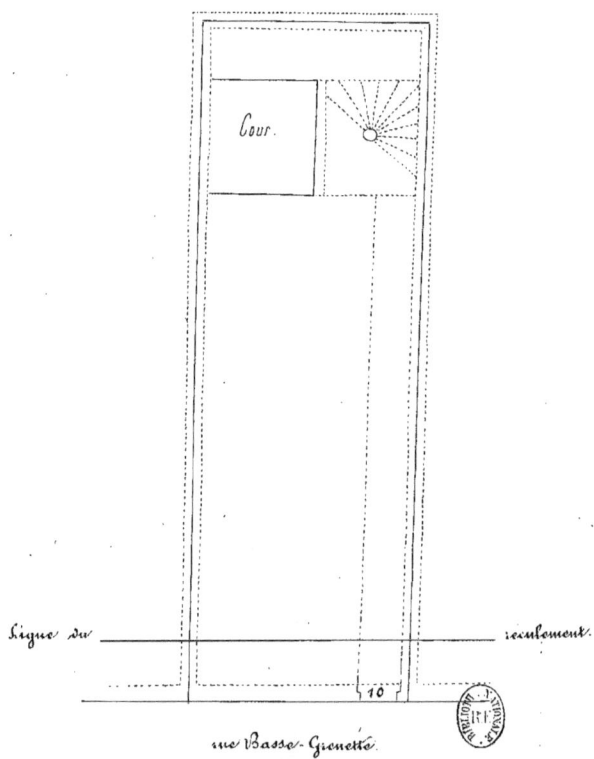

———

Cour.

Ligne du _____ reculement.

10

rue Basse-Grenette.

MAISON DE M. RIVOIRE-GONDAMIN.

Cet immeuble forme un corps de bâtiment double sur la rue ; il est desservi par un escalier à noyau dont les marches sont usées, éclairé sur une petite cour où se trouve une petite aile renfermant les lieux d'aisance des étages.

Il se compose de caves, d'un rez-de-chaussée et de cinq étages. La façade est percée au rez-de-chaussée d'une ouverture cintrée et d'une porte servant d'entrée à une allée obscure, et à chacun des étages de six demi-croisées

Le sol du magasin a été baissé pour se raccorder avec le trottoir et donner plus de hauteur au plancher. Un parquet et une fermeture viennent d'y être faits.

L'arrière-magasin est peu éclairé ; il reçoit son jour d'une cour très étroite, recouverte d'un ciel vitré.

Cette maison fut vendue le 20 octobre 1693, au prix de 16,000 fr., suivant acte reçu GUYOT, notaire à Lyon; revendue douze années plus tard, suivant acte reçu CANOT, notaire, la somme de 16,400 fr.

Elle a été adjugée aux enchères publiques, en 1822, à M. GONDAMIN, moyennant 59,075 fr., les frais restant à sa charge.

Depuis, elle a suivi la progression des immeubles de cette ville, et particulièrement celle qui lui donne sa situation avantageuse.

Par l'ouverture de la rue Centrale, elle n'obtient aucune augmentation réelle et encore moins LA PLUS-VALUE NOTABLE qu'exige la loi pour être soumise à une indemnité.

Elle doit subir, par le nouveau tracé adopté pour la rue Centrale, un reculement de plus de 2 mètres, auquel elle n'était pas assujettie par le plan antérieur.

Sa construction est très ancienne; elle n'a qu'une cour fort étroite, un mauvais escalier, des cabinets d'aisance en dehors des appartements; tous sont d'une distribution incommode, sans agencements, sans un seul parquet, et, par-dessus tout, presque impossible d'améliorer.

Les nouvelles maisons de la rue Centrale, élégamment construites, distribuées et agencées avec luxe, lui sont devenues une concurrence redoutable; il est certain qu'elles auront toujours une préférence justement méritée.

Aussi les baux principaux n'ont-ils pu être renouvelés en 1849 qu'avec peine aux prix anciens. On peut, à cet égard, s'en convaincre auprès de M. Accary, qui occupe le magasin et le premier étage, et auprès de Mme Rey, locataire du troisième étage.

PLAN

de la maison appartenant à

Mr RICARD-CHARBONNET,

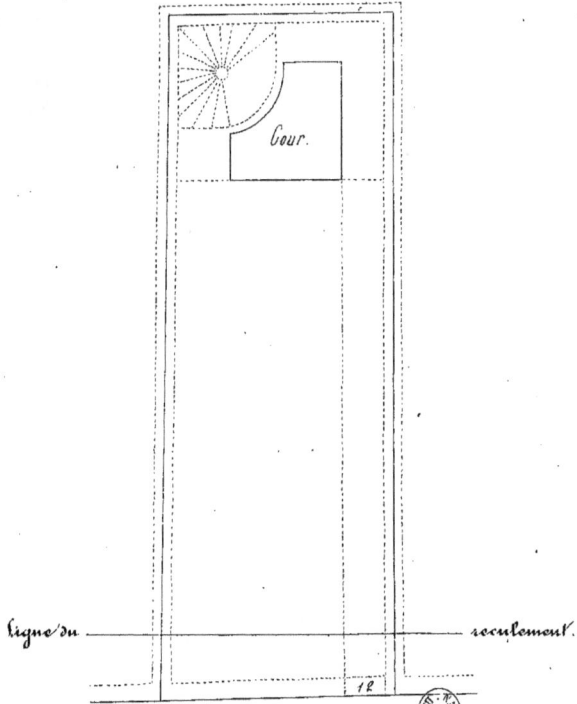

sise rue Basse-Crenette, 12.

———+———

Cour.

Ligne du ———————————————— reculement.

12

Rue Basse-Crenette.

Lith. Nigon.

MAISON DE M. RICHARD-CHARBONNET.

———

Cette maison forme un corps de bâtiment double sur la rue, composé de caves voûtées, rez-de-chaussée et cinq étages ; elle est desservie par un escalier circulaire à noyau, placé dans un angle de la cour. Cet escalier communique par une galerie aux appartements et aux cabinets d'aisance, placés en dehors, dans le fond de la cour.

Le rez-de-chaussée est percé de deux ouvertures, une pour l'allée, l'autre pour le magasin ; à tous les étages, de deux fenêtres et d'une demi-croisée.

La construction de cette maison est passable ; elle date de 1626, ainsi que l'indique une inscription placée au-dessus de la porte d'allée ; sa façade boucle un peu et laisse apercevoir une légère lézarde dans presque toute sa hauteur, à plomb du jambage méridional de la demi-croisée.

Cet immeuble se trouve assujetti par l'ouverture de la rue Centrale à un reculement qu'il n'avait pas ; ce reculement doit être plus considérable que celui de 1 mètre 70 centimètres, signalé au rapport de M. Favre ; il m'a paru être d'environ 2 mètres 40 centimètres ; lorsqu'il s'effectuera, il sera funeste à l'immeuble, vu son peu de profondeur.

Depuis l'ouverture de la rue Centrale, le magasin du rez-de-chaussée et celui du premier étage ont éprouvé des changements importants; le sol de celui du rez-de-chaussée, qui était élevé de trois marches au-dessus du pavé, a été baissé, pour donner un accès facile et plus de hauteur à ce magasin, Les plafonds de pied et du plancher ont été faits, ainsi qu'une fermeture élégante.

C'est sans doute à ces travaux et améliorations que l'on doit attribuer une partie de l'augmentation survenue dans la location de ces deux magasins; malheureusement, cette augmentation se trouve atténuée par la diminution dans les prix des étages supérieurs et par les non-valeurs que les propriétaires éprouvent par l'absence des locataires; je citerai l'appartement du deuxième étage, resté vide pendant dix-huit mois, ce qui n'était jamais arrivé pour les appartements de cette maison, quoiqu'elle n'offrît pas aux locataires les distributions et agencements qu'on rencontre aujourd'hui dans la nouvelle rue; c'est à leur contact que ces non-valeurs peuvent être attribuées.

La position éventuelle où se trouve placée cette maison doit être prise en sérieuse considération; elle se trouve près de l'ouverture projetée, sur le prolongement de la rue Grenette, et joignant la maison qui doit être démolie pour l'exécution de la nouvelle trouée; privée de cet appui, pourra-t-elle rester debout? Il est probable que non. Cependant on ne pourra pas la réparer, se trouvant frappée de reculement par le nouveau plan; une reconstruction totale en sera la conséquence. Que deviendra la plus-value payée pour le prétendu avantage que gagne actuellement cet immeuble? Quelle sera la durée de ces avantages, s'ils existent? Je crois que ces questions devraient être résolues à l'avance pour fixer avec équité la valeur de la plus-value.

PLAN

de la maison appartenant à

M. Trouilleux
et M. Bordeaux,

sise rue Basse-Grenette, 14.

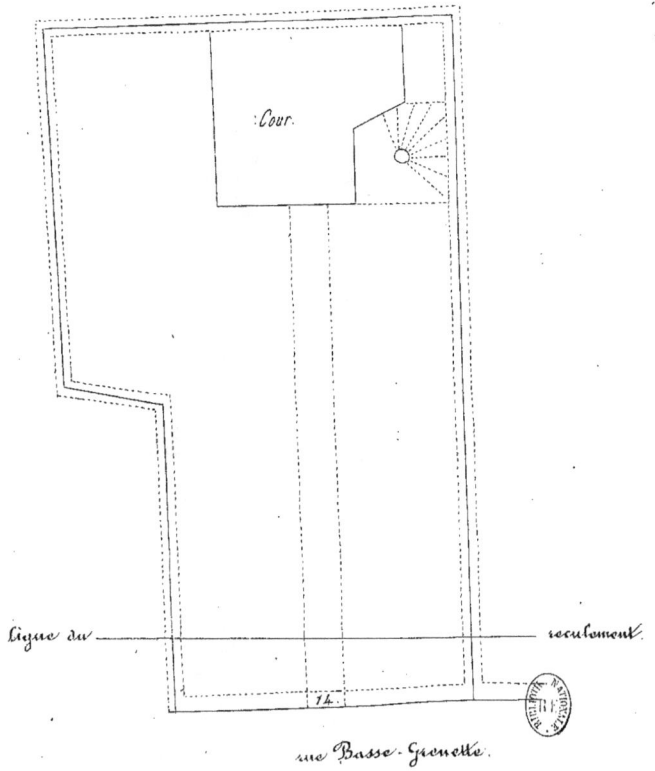

Cour.

Ligne du — — — — — — — — — — — — — reculement

14

rue Basse-Grenette.

MAISON DE Mᵐᵉˢ BLANC ET MARNET.

Nota.—Cette maison, dans les copies des rapports de M. FAVRE, est désignée sous les noms de M. TROULLEUX et Mˡˡᵉ BORDEAUX.

Cette maison, portant le n° 60, en face la rue Grenette, se compose d'un corps de bâtiment double sur la rue Basse-Grenette, d'un retour au midi de la cour et d'une cage d'escalier circulaire au nord de cette cour. Elle comporte caves voûtées, rez-de-chaussée et quatre étages. Sa façade est percée au rez-de-chaussée de deux ouvertures de magasin et une pour l'allée à chacun des étages, de trois fenêtres et une demi-croisée. La construction est ancienne, mais en assez bon état.

L'allée et la cour sont en communication avec la maison voisine à l'occident, et forment avec l'allée de cette maison un passage communiquant à la rue Mercière.

Le reculement fixé au nouveau plan que doit subir cette maison pour la mettre sur l'alignement de la rue Centrale, est de plus de 3 mètres. Cette saillie rend, au-devant du magasin de cette maison, la circulation difficile par l'exiguité du trottoir.

Les évaluations portées aux rapports de M. FAVRE pour le prix de cet immeuble ne me paraissent pas représenter sa valeur réelle. Comme il ne s'agit pas, pour le moment, d'établir cette valeur, je me contenterai de l'indiquer, pour qu'en aucun temps ces estimations ne puissent être opposées aux propriétaires.

Par sa position, cette maison se trouve dans une catégorie particulière. Non seulement elle est assujettie au reculement pour l'alignement de la rue Centrale, comme le sont les autres maisons au nord, auxquelles on attribue une plus-value, mais elle est en outre frappée de démolition totale par le fait du prolongement de la rue Grenette jusque sur le quai Saint-Antoine. La perspective de la démolition, à une époque plus ou moins rapprochée, jette de la défaveur sur les locations ; car on comprend facilement qu'un locataire répugne à prendre un magasin ou un appartement qu'il serait obligé de quitter dans un, deux ou trois ans, s'il plaît à la ville de faire valoir contre l'immeuble la raison d'utilité publique. (*On se souvient que M. Terme, maire de Lyon, avait fait au Conseil municipal la proposition de ce nouveau percé, qui fut ajourné.*)

Pour qu'une maison ait à supporter une plus-value, la loi exige une augmentation notable et immédiate dans sa valeur.

Cette augmentation ne peut certainement pas provenir de l'anéantissement total d'une propriété ; elle ne pourrait venir que d'un accroissement de revenu.

Par conséquent, où il n'y a pas augmentation notable et immédiate, il n'y pas lieu à plus-value.

La maison dont il s'agit se trouve d'ailleurs placée dans des conditions qui s'opposent à ce que le propriétaire puisse tirer parti de sa position. Il ne peut ni améliorer ni reconstruire son immeuble, attendu que la ville ne le lui permettrait pas, par la raison qu'il est frappé de démolition.

Pourquoi donc la ville demande-t-elle une plus-value, tout en s'opposant à ce que la maison puisse acquérir une augmentation de valeur ? Il est difficile d'expliquer et de qualifier une telle prétention.

Le présent rapport clos à Lyon le 12 août 1852

BENOIT, *architecte.*

LYON. IMP. ET LITH. NIGON, RUE CHALAMONT, 5.

RUE GRENETTE.

Maison Berthet.

ergaultiere et Cie   M. de la Veuilliere.

BASSE   GRENETTE.

M. Laporte   Jinse lentemie   M. Ricard   M. Trouillenx.

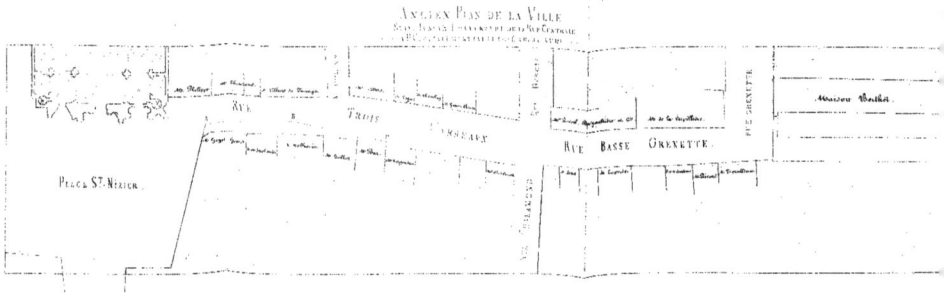

ANCIEN PLAN DE LA VILLE

NOUVEAU PLAN